J. WEBER

LES

NOUVEAUX CAHIERS DE 89

SOLUTION DE LA QUESTION SOCIALE
PAR L'ASSOCIATION,

SES CONSÉQUENCES ÉCONOMIQUES, MORALES ET POLITIQUES

PRIX : 1 FRANC

PARIS
DERVEAUX, LIBRAIRE-ÉDITEUR
32, RUE D'ANGOULÊME, 32

1886

Suite du catalogue

— LE NOUVEAU PARTI, tome II. **Le parti ouvrier et les partis politiques.** Prix. 1 50

MANUEL D'ÉCONOMIE SOCIALE, 1 fort vol. in-18 jésus. Prix 2 50

L'ÉMANCIPATION, journal quotidien, organe du parti ouvrier, Rédacteur en chef, Benoît Malon. *La collection complète*. . 1 50

LE SOCIALISME RÉFORMISTE. 1 brochure in-18 jésus. Prix 0 75

LA REVUE SOCIALISTE, revue mensuelle du parti ouvrier et des sciences sociales. Rédacteur en chef, Benoît Malon. La collection complète de la *Revue Socialiste* . . . . 10 fr.

HISTOIRE DU SOCIALISME, ou efforts des réformateurs et des révoltés à travers les âges, depuis les temps les plus reculés jusqu'à nos jours, et dans toutes les parties du monde, par Benoît Malon, ancien membre de l'Internationale, ancien député de la Seine, ancien membre de la Commune de Paris.

Edition populaire, entièrement terminée, illustrée de plus de 1000 dessins, gravures, culs-de-lampes, têtes de chapitres et de 75 primes tirées à part, consistant en gravures sur bois, lithographies tirées sur trois teintes, chromo-lithographies, gravures coloriées représentant les principales scènes et une suite de portraits représentant les hommes les plus importants de tous les pays du monde ; ouvrage unique, tant pour le texte que pour les matériaux qui ont servi à illustrer cet ouvrage.

Souscription permanente de la manière suivante :

1° En livraisons illustrées contenant 1 gravure hors texte, plusieurs livraisons sont ornées de culs-de-lampes et de têtes de chapitres ; au prix de 10 cent. la livraison.

2° En séries contenant plusieurs gravures hors texte, culs-de lampes, têtes de chapitres, de plus une prime gratuite, tirée à part. Prix de la série 60 cent. franco.

3° En volumes brochés au prix de 7 francs le volume contenant toutes les primes gratuites et tirées à part.

4° En volumes reliés dos en maroquin, dorés sur tranche ou tranche rouge, couverture spéciale illustrée noire et or avec fers spéciaux faits uniquement pour cet ouvrage. Prix du volume relié . . . . 10 fr.

Nomenclature des volumes et de l'ouvrage complet.

TOME I. — **Histoire du socialisme depuis les temps les plus reculés jusqu'à la Révolution française (1789)**, illustré de 45 gravures hors texte, culs-de-lampes, têtes de chapitres et 11 primes tirées à part, se vend également en 45 livraisons illustrées à 10

J. WEBER

LES

NOUVEAUX CAHIERS DE 89

SOLUTION DE LA QUESTION SOCIALE

PAR L'ASSOCIATION,

SES CONSÉQUENCES ÉCONOMIQUES, MORALES ET POLITIQUES

PARIS

DERVEAUX, LIBRAIRE-ÉDITEUR

32, RUE D'ANGOULÊME, 32

1886

1024 — PARIS, IMPRIMERIE DERVEAUX, 32, RUE D'ANGOULÊME. — 1024

PRÉFACE

La crise économique et sociale qui sévit plus particulièrement sur la vieille Europe, tenant en échec ses hommes d'Etat les plus renommés, provient surtout de ce que les « gouvernants » ont toujours ignoré ou méconnu ce principe que : tout, dans une société civilisée, doit s'appuyer sur la production, se faire par elle et pour elle.

On compte, en effet, les hommes politiques qui se sont occupés sérieusement des intérêts de la *classe productive*, c'est-à-dire de cette classe comprenant tous les citoyens qui, à différents degrés et sous diverses formes produisent un *travail utile* pour la

Nation. N'est-ce pas, pourtant, de cette innombrable armée des travailleurs de tous ordres que dépendent la richesse et l'avenir d'un pays?

Voilà un axiome qui n'a jamais eu droit de cité dans les hautes sphères de la politique, où l'on persiste à vouloir faire dépendre les intérêts supérieurs de la nation du crédit plus ou moins considérable de tel groupe ou de tel personnage.

Aussi, les intérêts de la classe productrice sont-ils encore à l'heure actuelle et plus que jamais peut-être, relégués au second plan de la politique. C'est un fait indéniable, on se sert de la Nation, on ne la sert pas.

Ainsi, au moment même où j'écris ces lignes, à l'heure où la crise bat son plein, alors que la réforme sociale devrait être la grande préoccupation de nos « honorables », on ne trouve rien de plus pressant ni de plus utile, au Palais-Bourbon, « pour ne pas dire au Palais des bourdons » que de jouter sur le dos des Princes.

Voilà ce qu'on entend maintenant par *faire de la politique*. Chacun sent comme moi que nous nous en passerions bien et le reproche qu'ont encouru nos chambres républicaines est précisément d'en avoir trop fait.

Quand donc les mandataires du peuple opéreront-ils sur le terrain pratique, quand donc travailleront-ils sérieusement au bien-être de tous ceux qui peinent, au lieu de lutter pour la prépondérance d'une coterie ou de *chasser au portefeuille*, comme l'a dit un journaliste bien connu.

« J'ai sous les yeux un article de Thomas Grimm « n° du 12 mars 1886 » dans lequel l'éminent journaliste nous dépeint, sous son vrai jour, le caractère de la politique actuelle.

C'est à la suite du compte-rendu de la séance au cours de laquelle le Sénat, ou plutôt les quelques sénateurs présents, se montrèrent si peu attentifs et si peu intéressés à la discussion de la loi sur l'organisation des caisses de retraites pour la vieillesse. « Ah! s'il s'était agi du Palais du Luxembourg, leur caisse de retraite à eux!!!!...... »

Thomas Grimm dit : « Cette scène peu édifiante se passait au Sénat le 4 mars. Deux jours après, la chambre, qui est aux trois quarts vide pour les discussions d'affaires, se livrait à un débat acharné sur la question des princes et j'étais amené à constater que la plupart des députés pensent à eux et font leurs affaires, s'affilient à un groupe, s'attachent à un personnage, afin d'être bien casés, si le suffrage universel les abandonne.

C'est de la corruption au premier chef, cela.

Les élus de la nation, les hommes qui ont l'honneur de tenir entre leurs mains l'instrument législatif, doivent s'en servir dans l'intérêt de tous et faire œuvre réformatrice.

L'heure est solennelle; le vieux monde se transforme; des forces inconnues naguère ont centuplé l'activité industrielle;

la machine abat de la besogne avec une effroyable rapidité; et l'homme a toujours besoin de manger.

Occupez-vous de lui dans le présent et dans l'avenir; sinon, vous assumez une terrible responsabilité. »

Ainsi parlait Thomas Grimm le 12 mars 1886 et avec lui je dis :

Oui, l'heure est solennelle.

C'est le moment pour les hommes d'État de bien méditer cette idée: que la politique d'intrigue et de ruse, ne prévaudra jamais contre ce colosse, chaque jour grandissant, qui s'appelle le Travail.

Je revendique pour mon pays, pour cette France toujours si féconde et si généreuse, malgré ses apparences de décadence et de corruption, l'honneur de donner au monde le spectacle grandiose d'une vieille nation rajeunie par l'application des grands principes du socialisme moderne.

Sans doute, on m'accusera de chauvinisme. Le mot et la chose sont de mode aujourd'hui.

On m'accordera pourtant que, si la France n'est plus à certains points de vue la première des nations, elle ne tient pas moins le premier rang dans l'ordre d'idées qui nous occupe. C'est sur la terre de France qu'ont fleuri les premières institutions libérales dont la plupart régissent aujourd'hui presque toutes les nations civilisées.

Et, depuis ses premiers pas vers la justice et la liberté, notre pays a toujours marché en tête de tous les peuples vers le progrès social.

Aujourd'hui, la France est peut-être le seul pays qui se sente réellement prêt à recevoir les bienfaits des institutions libérales et démocratiques dans le sens large du mot.

Car il en est des remèdes sociaux comme de ceux de la médecine : il faut les employer à temps.

Or, puisque la France est partie la première sur la route du progrès social, puisqu'elle n'a jamais cessé de marcher dans ce sens, elle arrive forcément avant toutes les autres nations à ces endroits où il faut changer de route pour prendre des voies plus larges.

Ainsi, la France tient la tête du mouvement; l'on pourra dire d'elle qui a été la fille aînée de l'Église ce que le pape Léon XIII disait lui-même dans une de ses dernières lettres encycliques :

« Elle est, par elle-même, dans le domaine des intérêts terrestres, la source d'où sortent naturellement des avantages si nombreux, si précieux, qu'elle ne pourrait en produire de plus grands en vue de favoriser la félicité présente. »

Montrons-nous donc toujours à la hauteur de cette appréciation, que cette parole du pape Léon XIII soit pour nous tous une récompense et un encouragement.

LES

NOUVEAUX CAHIERS DE 89

TITRE I.

EXISTE-T-IL UNE QUESTION SOCIALE?

Il n'y a que des ignorants pour nier l'existence de la question sociale.

Au fait, bien peu de gens comprennent le vrai sens du mot.

Pour les uns, c'est le tremplin d'où s'élancent les meneurs de foule, tous ceux dont le métier est d'irriter et d'agiter les masses qui les porteront ensuite au pouvoir.

Pour d'autres, c'est un mot qui définit la brutalité agressive de quelques milliers de gens sans aveu, sans foi ni loi, en lutte ouverte et perpétuelle contre la société.

Aux oreilles des heureux, des privilégiés, le mot question sociale a le son d'un glas de Saint-Barthélemy. Pour ceux-là, l'idée de question sociale fait corps intime avec l'idée de révolution violente, de renversement de toutes choses par la force brutale.

Ceux qui prennent la peine de réfléchir et de regarder les choses en face voient tout simplement dans la question sociale la lutte entre deux grandes classes de citoyens.

D'un côté, avec les riches de naissance, ceux auxquels l'organisation sociale actuelle permet de vivre facilement d'un travail quelconque et dont la plupart ont la perspective de s'enrichir.

De l'autre, les déshérités, les parias de ce même état social.

Et, quoi qu'en disent certains philosophes optimistes, la foule de ceux-ci dépasse de beaucoup le nombre de ceux-là.

S'il est hors de doute que tous les hommes ont également droit à l'existence, il est malheureusement trop vrai que l'organisation sociale actuelle n'assure pas à chacun, en échange du désir et de la volonté de travailler, la possession des choses les plus indispensables à la vie.

Et, au sein même de cette société française où l'on compte pourtant moins de malheureux que partout ailleurs, combien de citoyens qui, pour prix d'un labeur écrasant ne reçoivent qu'un salaire à peine suffisant pour le pain de chaque jour; sans compter ceux qui ne trouvent même pas à gagner, malgré leur bonne volonté, ce morceau de pain qu'on donne aux premiers avec tant de parcimonie !

Pourquoi s'étonner alors de la lutte constante et acharnée entre ceux qui possèdent la fortune ou qui peuvent espérer acquérir une dose suffisante de bien-être et cette foule de déshérités honnêtes dont l'unique perspective est de végéter sans cesse, de dépenser jusqu'à complet épuisement l'énergie sous toutes les formes.

On est au contraire surpris, quand on songe à certaines misères sans nom, de ne pas voir la lutte s'envenimer plus souvent et prendre les proportions d'une véritable éruption sociale.

Ces faits sont rares; mais quand ils se produisent, ce sont des symptômes significatifs, des avertissements qu'on ne peut méconnaître sans danger pour la société.

La question sociale a existé de tout temps. Elle s'est posée dans les sociétés anciennes aussi bien que dans nos sociétés modernes, puisqu'à toutes les époques, dans tous les pays, chez tous les peuples il y a eu des privilégiés détenant la terre, l'or, les richesses de toute nature; et des mercenaires travaillant pour ceux-là, sans profit pour eux-mêmes.

Au fond, à quelque époque de l'histoire qu'on la

prenne, la lutte est toujours la même : ceux qui ne possèdent rien revendiquent une part de bien-être que les privilégiés persistent à vouloir garder pour eux-mêmes.

Seulement, avec le temps, la scène change d'aspect ; les moyens de combat se transforment; la lutte prend de nouvelles proportions ; ce sont de nouvelles classes de citoyens qui viennent successivement, chacune à leur tour prendre place dans l'arène sociale pour revendiquer de nouveaux droits et combattre d'autres privilèges.

La question sociale se modifiera sans cesse avec le temps, changera continuellement d'aspect, de caractère, mais elle existera toujours, car elle est une des conditions du progrès : la lutte fait les hommes, les hommes font les choses.

Supposer que tous les membres de la société pourraient, à partir d'une certaine époque vivre en perpétuelle harmonie, admettre que tous les intérêts, tous les besoins pourraient être satisfaits en même temps, c'est donner dans une utopie contre laquelle certains hommes, d'ailleurs bien intentionnés, n'ont pas su se mettre en garde.

Mais ceci n'infirme en aucune manière que le devoir des hommes placés à la tête de la nation est d'employer leur énergie personnelle, l'autorité dont ils sont investis à résoudre le problème social de leur époque.

Ce devoir est plus impérieux encore aux époques de

crise et de transition comme celle que nous traversons.

Il s'agit, à l'heure actuelle de la lutte entre le travail qui produit, et le capital force motrice de tous les agents de production.

Les nombreuses manifestations de l'opinion publique en faveur des institutions de prévoyance de toute nature, indiquent que l'on commence à s'occuper en France des intérêts des travailleurs. (J'entends évidemment par là tous ceux qui, remplissant leurs devoirs envers la société, se rendent dignes de ses attentions. Je n'ai aucune tendresse pour les autres.)

Cette question doit être désormais la grande préoccupation de nos dirigeants; elle sollicite un prompt dénouement.

Mais la question sociale est si intimement liée à la situation politique et économique du pays, chaque peuple a tant de points de contact avec ses voisins, qu'il convient de traiter la question au double point de vue national et international.

C'est ce que j'essaie de faire dans ce qui suit.

TITRE II.

LA SITUATION ÉCONOMIQUE ACTUELLE.

La Révolution française, en détruisant l'ancienne

organisation du travail et en proclamant la liberté du commerce et de l'industrie, ouvrit un immense champ d'action à l'initiative privée. Il s'ensuivit tout d'abord un grand mouvement d'expansion de nos forces productrices, grâce auquel la France a pu jouir, pendant plus d'un demi-siècle, d'une grande prospérité industrielle et commerciale.

Notre production nationale était alors largement alimentée tant par les demandes de l'Etranger que par les besoins de la consommation à l'intérieur du pays. Le travail ne manquait pas ; les affaires marchaient, enfin.

Mais, sous l'influence de cette merveilleuse prospérité, la soif des richesses devint générale. Tout le monde se jeta dans le commerce et l'industrie ; il s'agissait de faire fortune rapidement, par tous les moyens, pour être plus tôt prêt à jouir en sécurité des richesses amassées.

Ce courant qui, au début, était nécessaire au développement de notre puissance commerciale ne tarda pas à devenir dangereux par ses conséquences.

L'*encombrement* se fit bientôt sentir pour un grand nombre d'industries, paralysa d'abord leur développement, puis finit par l'arrêter tout à fait.

Mais, personne ne voyait rien ou ne voulait rien voir. On produisait quand même, sans calculs préalables, sans souci de l'avenir.

De là, ces crises périodiques, ces catastrophes qui n'ont corrigé personne et sont la cause de ce manque de confiance général qui caractérise l'état actuel.

Ce n'est pas tout.

L'encombrement ayant ralenti les affaires, les plus forts ont naturellement cherché à éliminer les faibles, les petits, pour s'approprier comme un monopole de fabrication ou de trafic.

Les grands capitalistes s'unissent, s'organisent en sociétés. C'est une ère nouvelle pour les affaires, celle des grandes opérations.

Ère fatale à une multitude de petits producteurs qui se voient forcés d'abandonner une lutte aussi inégale.

Ainsi, à tous les degrés, petit commerçant, petit patron ou simple ouvrier, le travailleur, le véritable producteur est à la merci du capitaliste.

Et pourtant, depuis 1789, que de ressources ont été créées, dont chacun devrait pouvoir prendre sa part! La science, depuis un siècle, transforme comme par enchantement tous les moyens de production, crée de puissants instruments de travail, propres à élever la dignité de l'homme, enrichit enfin, de mille façons le *capital de l'humanité* dont elle veut le bien-être.

Mais le financier est là, guettant tous les perfectionnements, prêt à faire main-basse sur toutes les richesses.

C'est lui qui, en définitive, bénéficie des progrès de toute sorte apportés à l'industrie par les découvertes modernes.

Le travailleur et l'outil, tout est en son pouvoir.

Voilà comment, sur les débris de l'ancien ordre social, s'est reconstituée, sous une autre forme, la caste dirigeante et oppressive dont 89 avait aboli les privilèges.

Il y eut la noblesse d'épée et la noblesse de robe, il y a aujourd'hui la noblesse de l'argent, la Finance, qui dispose presque absolument des destinées du pays.

Sommes-nous donc, sous ce rapport beaucoup plus avancés qu'en 1789?

Les lettres de cachet n'existent plus, il est vrai, mais les fermiers généraux qui affamaient le peuple, on les retrouve au Palais de la Bourse.

Oui, ce sont les mêmes hommes. Ils ont changé de physionomie et ils opèrent différemment, voilà tout.

Le lecteur me fera, je pense, l'honneur de croire qu'en prenant parti pour le travailleur contre le capitaliste, je n'adhère à aucune des théories violentes professées par les anarchistes de toute nuance et qui n'auraient pour effet que la désorganisation de la société.

Je veux une réforme, parce qu'il la faut, parce qu'elle s'impose absolument, mais je la veux pacifique et méthodique.

Je respecterai toujours les droits acquis; et tout en déplorant l'omnipotence du capital, ce maître absolu du monde moderne, je suis obligé de reconnaître que, dans le nombre, certains capitaux ont été acquis au prix de grands efforts d'intelligence et de travail.

Ce que je ne puis admettre, c'est que, sous prétexte de droits acquis dans le passé, ceux qui bénéficient de l'état actuel ne songent qu'à accaparer indéfiniment l'avenir et s'opposent à une réorganisation aussi nécessaire à la grandeur du pays qu'au bien-être de tous ses enfants.

Qu'il me soit permis, enfin, avant d'aborder l'objet même de ce petit travail, de poser le principe qui m'a servi de point de départ, celui que je considère comme fondamental dans la question.

A la suite des diverses enquêtes sur la crise économique, l'idée qui obtint le plus de crédit dans l'opinion publique est celle-ci : que notre infériorité sur les places étrangères, autrement dit l'abaissement du chiffre d'affaires de la France, ainsi que l'envahissement de notre propre marché par les produits étrangers, résultent surtout, de l'augmentation du prix de la main d'œuvre dans notre pays.

Pour moi, je ne souscris point à cette opinion :

La cause de notre infériorité économique, c'est le chiffre sans cesse grossissant de nos frais généraux, c'est l'augmentation incessante du nombre des *non-valeurs*, des *non combattants*, comme on dit dans l'armée.

Il y a aujourd'hui trop de gens qui ne produisent rien; trop d'inutiles, vivant, pour ainsi dire, du travail de leurs concitoyens.

Et pourquoi ne pas parler aussi de tous ceux dont le travail est payé au décuple de sa vraie valeur.

M. X fait un petit tour à son bureau tous les jours; cela vaut six mille francs.

Six mille francs aussi à M. Z pour regarder travailler des employés pendant deux heures par jour.

Rester une heure par jour à son bureau, pendant trois cents jours de l'année pour... donner des signatures, cela peut valoir aussi, 15 ou 20,000 fr. suivant les cas!

N'y a-t-il pas là une disproportion choquante entre la *valeur réelle* du travail produit et celle qu'on veut bien lui accorder?

Cet argent, où le prenez-vous? Dans la caisse publique.

Sa provenance? C'est le fruit du labeur incessant et pénible des vrais travailleurs.

Oui, je le répète, ce sont nos frais généraux, la complication ridicule des rouages administratifs, les intermédiaires de toute sorte entre la production et la consommation qui nous ruinent.

Je dis plus :

C'est l'augmentation des frais généraux qui élève les salaires et rend la main d'œuvre onéreuse; car les frais généraux augmentent le prix des choses nécessaires à la vie et *le salaire du travailleur* est basé sur la valeur de ces denrées.

Le prix de revient de la production générale d'un pays est, en définitive, égal au montant des dépenses publiques et privées de l'ensemble de la nation.

Il s'ensuit que : les denrées de première nécessité seront, chez nous, au meilleur marché possible, lorsque nous aurons réduit à leur plus simple expression les rouages administratifs, les intermédiaires entre la production et la consommation ; lorsque nous aurons enfin abaissé les frais généraux à leur minimum, après avoir employé le plus d'éléments possible à la production et pris dans le pays même le maximum des matières premières qu'il peut fournir.

C'est là d'une façon générale, au point de vue économique, tout le mystère de la supériorité d'un peuple sur les autres, à part certains avantages naturels tirés de sa situation géographique ou du degré de fertilité du sol.

Pour moi, toute la question sociale est là ; une réorganisation du travail s'impose, un reclassement de nos forces sociales est indispensable :

C'est le remède que je propose.

TITRE III.

RÉORGANISATION DU TRAVAIL.

Tous les corps constitués (clergé, armée, magistrature, finances, instruction publique, etc.) ne sont pas autre chose à mon avis, que des corporations parfaitement organisées, fonctionnant avec ordre et méthode, ayant un *Capital-Travail* collectif et inaliénable, dit bien de main-morte, dont chaque membre est usufruitier suivant l'importance de son rôle, (théoriquement, suivant ses mérites.)

Chacun a l'existence assurée, dans ces corporations : après le traitement d'activité vient la retraite.

Mais ici, l'individu ne laisse aucun droit à ses héritiers sur le capital de cette espèce de société, puisque ce capital a été fourni de diverses manières par la nation tout entière, sur les ressources du budget principalement.

Ces corporations dont la direction est unique ne subissent jamais ni liquidation ni partage comme il arrive dans les exploitations privées. Leur marche n'éprouve aucun temps d'arrêt.

Certes, il y a là bien des misères encore et bien des défectuosités, mais on ne doit pas toujours juger de la valeur d'un principe par l'application qu'on en fait.

Au surplus, il faut bien le reconnaître, le progrès transforme petit à petit les administrations.

Nos législateurs dont l'incapacité et l'indifférence sont incontestables, en matière de réforme économique, se sont montrés, depuis quelques années, pleins de sollicitude pour les employés inférieurs des administrations de l'Etat.

Je ne veux point rechercher s'il n'y avait pas là un certain intérêt électoral. Je constate simplement un fait, et loin de blâmer des mesures ayant pour but d'améliorer le sort d'un petit nombre de citoyens intéressants, je voudrais au contraire les voir s'étendre à tous.

Eh bien, pourquoi n'organiserait-on pas le travail sur le modèle des administrations ?

Il suffirait pour commencer, de créer un ministère du travail, avec une dotation de quelques dizaines de millions, d'autoriser les legs et dons à ce ministère et de fonder des loteries dont les bénéfices s'ajouteraient à ces premières ressources.

Ce ministère serait chargé d'acheter des usines et des domaines agricoles disponibles, quand les circonstances se présenteraient et autant que le permettraient ses ressources.

Ces usines, ces domaines, seraient mis avec un fonds de roulement suffisant, entre les mains de groupes composés *exclusivement de citoyens français ou naturalisés*, qui prendraient le titre de corporation. Les groupes seraient formés, pour chaque industrie, d'hommes compétents et choisis. Là, nos agronomes, nos ingénieurs, seraient des directeurs précieux. Ils auraient avec eux, employés aux écritures et ouvriers, c'est-à-dire tout le personnel utile au bon fonctionnement de l'exploitation.

Il y aurait un conseil d'administration composé du directeur et des principaux employés et ouvriers, décidant des mesures à prendre pour la marche de l'usine, mais toujours sous le contrôle du ministère du travail qui aurait à trancher les conflits, s'il en survenait.

Tout le personnel recevrait un traitement fixe, d'après des classifications qui seraient établies aussi bien pour les employés que pour les ouvriers. Ce traitement serait aussi modeste que possible, dans les proportions des salaires actuels ; mais il serait permanent et assuré.

Il ne serait dérogé à cette règle qu'en cas de crise exceptionnelle, à titre absolument temporaire et les réductions seraient dans tous les cas proportionnelles et générales.

Chaque corporation paierait à l'Etat un droit annuel de un pour cent du montant de son capital, et formerait ainsi, pour l'avenir, le point de départ *d'un impôt unique sur le capital.*

Une partie des bénéfices nets serait attribuée au fonds de réserve, une autre irait grossir les ressources du ministère du travail et l'aiderait à continuer son œuvre, une troisième partie enfin serait répartie dans le personnel, proportionnellement au salaire de chacun des membres.

Pour éviter d'entrer dans une voie dangereuse, le montant des bénéfices nets à répartir, serait établi ainsi qu'il suit :

Tout bénéfice représenté par une augmentation de matériel, serait ajouté au capital social et lui resterait acquis.

Tout bénéfice représenté par des marchandises en magasin ou des créances à recouvrer, serait porté à l'actif de l'exercice suivant.

Ne serait susceptible de répartition que le bénéfice réalisé en espèces.

Je n'ignore pas les difficultés d'une telle entreprise, dans ses débuts surtout. Mais on apporterait le plus grand soin dans le choix des industries à exploiter de la sorte.

Pour commencer, on pourrait de préférence essayer le système sur des industries qui sont en partie alimentées par des travaux de l'Etat.

Peu à peu, les corporations prendraient possession de tous les instruments de travail, toutes les exploitations ou usines de même nature seraient syndiquées entre elles et auraient une direction unique comme les corps constitués de l'Etat.

Au-dessus des corporations, le ministère du travail, dont la tâche consisterait à assurer les bons rapports des corporations entre elles et à défendre leurs intérêts généraux près des pouvoirs publics.

Le capital serait ramené *à son rôle naturel d'instrument du travail* et ainsi se terminerait logiquement cette lutte terrible entre deux éléments également nécessaires à la prospérité du pays.

TITRE IV.

RÉFLEXIONS PHILOSOPHIQUES SUR CETTE ORGANISATION DU TRAVAIL.

Avant de développer les conséquences de ce nouvel état de chose, j'ouvrirai ici une parenthèse :

Je me rends parfaitement compte de l'importance et de la gravité des réformes que j'indique, je sais que pour ces raisons elles seront l'objet de vives critiques et même de quolibets de la part de ceux qui ont intérêt à perpétuer l'organisation actuelle, ainsi que des timorés qu'effraient toujours les conceptions hardies.

On ne manquera pas de dire que ce système serait la spoliation, la destruction de la fortune particulière, la réglementation excessive, la négation de la liberté individuelle et de l'initiative privée, etc. etc.

A cela je répondrai :

Toutes les réformes déplacent des intérêts, mais elles sont légitimes quand le déplacement se fait au profit du plus grand nombre et que les droits acquis dans le passé, *mais dans le passé seulement*, sont respectés.

A ces titres, l'organisation nouvelle serait légitime, elle respecterait la fortune particulière, puisque les corporations n'entreraient en possession des instruments de travail, qu'après une vente librement consentie par les propriétaires actuels et le montant de cette vente touché par eux.

Ce serait bien, il est vrai, pour l'avenir, une réglementation ou plutôt un frein aux ambitions exagérées de quelques-uns habitués à concentrer toute chose à leur seul profit ; mais ce serait en même temps la sauvegarde du patrimoine national, du pain quotidien de chacun.

L'organisation nouvelle conduirait incontestablement à la fin du règne de la haute finance, du haut commerce et de la grande industrie ; ou du moins de *ceux qui les détiennent*.

Mais qui oserait les plaindre?

N'avons-nous pas dans nos administrations publiques et privées, des hommes d'une valeur au moins égale à celle de ces accapareurs de millions?

Et ces hommes, ne se contentent-ils pas d'un traitement raisonnable suivi d'une retraite, de la considération, du respect attachés à leurs personnes et à leurs œuvres?

Mais, en même temps, l'existence de tous leurs subordonnés est assurée, toujours modeste, souvent médiocre, mais enfin certaine.

Nos princes de la finance, nos privilégiés de la fortune, s'inquiètent peu eux de l'existence de la masse qui, en définitive, est aussi leur subordonnée, puisqu'elle est constamment à leur disposition pour la satisfaction de leurs besoins et même de leurs caprices.

Le luxe effréné de ces nababs n'est-il pas d'un contraste révoltant avec le paupérisme, cette plaie sociale qui s'étale au grand jour, malgré toutes nos lois et règlements de salubrité publique?

Les jouissances innombrables de ces égoïstes ne sont-elles pas une insulte permanente aux souffrances, aux privations, aux humiliations journellement supportées par un grand nombre de familles laborieuses et honnêtes?

La vanité de cette phalange n'est-elle pas une sanglante injure au véritable talent, le comble de l'ironie et du grotesque?

Ces hommes ne se croient-ils pas les membres les plus capables, les plus utiles, les plus précieux de la société, quand ils n'en sont que les plus audacieux, les plus cyniques, les plus nuisibles, s'ils n'en sont pas les plus criminels?

Non, personne ne regrettera la fin de ce règne, ou plutôt de cette orgie de la richesse.

Quant à la liberté individuelle, (liberté du travail bien entendu) n'a-t-elle pas fait suffisamment ses preuves?

N'est-ce pas à elle que nous devons le désordre dans lequel nous nous débattons? L'émulation qui en était née d'abord, n'a-t-elle pas fait place à la concurrence à outrance, ce phyloxera économique qui tue toutes les branches de production sur lesquelles il s'abat?

La concurrence n'est-elle pas le cauchemar, la bête noire de tout le monde des affaires?

Du reste, la liberté individuelle n'est qu'une liberté secondaire, une annexe, si je puis m'exprimer ainsi, d'une liberté infiniment supérieure qui s'appelle la *Liberté collective*.

Et en effet, *si la liberté commence où le devoir finit*, l'individu n'est libre que quand il a rempli ses devoirs envers la société, ou tout au moins qu'il ne lui est ni hostile, ni nuisible.

C'est-à-dire que la liberté individuelle n'est, ou plutôt ne doit être, que le trop-plein de la liberté collective.

Enfin, avec l'organisation des corporations, la liberté individuelle elle-même serait respectée, puisque personne ne serait tenu d'en faire partie et que nul ne serait admis que sur sa propre demande. De plus, il restera toujours entre les corporations de quoi occuper à leur guise les êtres réfractaires à toute discipline et à toute réglementation.

Seulement, ils seront, par leur isolement même, hors d'état de nuire aux autres.

L'initiative privée, elle, ne peut que se développer par le groupement des forces sociales; elle est le produit de la liberté individuelle, par conséquent un supplément de l'initiative collective; elle deviendra d'autant plus féconde qu'elle pourra puiser de nouvelles forces dans la collectivité même.

Comme preuve, examinons une collectivité organisée, notre monde savant par exemple :

Là, chacun est pourvu d'un poste qui assure son existence matérielle et rend à la collectivité des services déterminés en échange de ce qu'il en reçoit; voilà pour l'initiative collective.

Ce devoir rempli, la liberté individuelle reprend ses droits et laisse le champ libre à l'initiative privée. C'est alors que l'homme vraiment supérieur, le travailleur, le chercheur, le novateur, enrichit son nom d'une gloire nouvelle et le monde d'une découverte de plus.

Mais combien de fois cet homme de génie ne serait-il pas resté stérile, s'il avait eu à s'inquiéter chaque jour, à chaque heure, à chaque minute, d'assurer ses besoins matériels et ceux de sa famille; s'il avait eu à réunir, *avec ses seules ressources*, tous les documents et instruments qui lui étaient indispensables pour appuyer sa découverte?

Ce qui a facilité sa tâche, ce qui a augmenté son courage et aidé son succès, c'est que la collectivité lui a laissé l'esprit libre en le pourvoyant au point de vue matériel et qu'elle a mis à sa disposition son capital social, c'est-à-dire ses bibliothèques, ses laboratoires, etc.

Qui pourrait dire combien d'hommes de valeur dans le monde du travail, préoccupés par des besoins journaliers, arrêtés par des obstacles sans cesse renouvelés, manquant par conséquent de cet appui de la collectivité, ont dû abandonner des idées qui, en les conduisant à la fortune et peut-être à la gloire, eussent rendu d'immenses services à leur pays?...

Mais dira-t-on encore, organiser le travail comme

les administrations, c'est vouloir semer partout les nombreux abus que l'on reproche justement à celles-ci :

C'est le contraire que je prétends.

La corporation possédera dans chacun de ses membres, un défenseur énergique de l'ordre, de l'économie, de la bonne gestion du capital social; tous comprendront qu'il ne peut y avoir de répartition de bénéfices qu'à ce prix.

L'esprit de corps, la dignité professionnelle, la solidarité feront le reste; chaque groupe, chaque corporation sentiront que leurs erreurs peuvent être remarquées par leurs voisins ou coassociés; de là viendra l'émulation vers le bien.

C'est même sur ce courant d'idées et sur l'indépendance relative qu'acquerront les corporations, qu'il faut compter, pour extirper des administrations, tout ce qu'il y a de mauvais dans leur organisation et leur fonctionnement.

L'individualisme doit faire place au collectivisme et voici pourquoi :

L'individualisme, c'est l'égoïsme dans toute sa force; chacun livré à lui-même et à ses propres ressources ne s'inquiète que de ses intérêts particuliers, sans souci de l'intérêt général et des droits d'autrui.

Chacun use de son crédit, de son influence, de ses

relations, de tous les moyens, quels qu'ils soient, pour obtenir des faveurs de l'administration.

L'Etat, c'est tour à tour un ennemi que l'on doit piller sans scrupule, un ami que l'on peut flatter, caresser et tromper à loisir.

Ainsi raisonnent et agissent bon nombre de fournisseurs, solliciteurs, quémandeurs de toutes nuances; tous les gens sans dignité et souvent sans valeur personnelle qui, à eux seuls, constituent tous les abus des administrations et sont parfois les premiers à les critiquer.

Et ces êtres trouvent toujours dans les administrations des naïfs pour les protéger et souvent des complices pour les aider dans leur honteuse besogne.

Le collectivisme, au contraire, procédera de principes tout différents; l'intérêt général sera sa loi et chacun devant trouver place dans son organisation, n'en profitera qu'en raison de ses mérites et de sa valeur personnelle.

Il sera l'ennemi de toute faveur, de tout abus et tendra à les faire disparaitre des administrations ainsi que je l'explique plus loin dans les conséquences de l'association.

Un homme d'une certaine compétence en matières économique et politique, l'honorable M. Ducarre, rapporteur d'une commission d'enquête sur les conditions du travail en France, après avoir fait le procès de la liberté individuelle, n'osa pas conclure contre elle.

La raison, c'est que selon lui, si toute collectivité se constitue comme moyen de défense, elle finit par devenir un instrument d'oppression.

Toute collectivité, dit-il, aboutit au mandat impératif; c'est là son instrument de despotisme. Il déprave et dégrade ceux auxquels elle l'impose, en industrie aussi bien qu'en politique.

Si la raison donnée par M. Ducarre est exacte, il faut en conclure que nos administrations, *qui ne sont rien autre chose que des collectivités*, sont des instruments d'oppression et qu'elles dépravent et dégradent ceux auquels elles s'imposent.

Voilà de graves paroles, qui pour être, je crois, un peu exagérées, n'en ont pas moins une grande valeur.

Ce n'est un mystère pour personne, que nos administrations ont sur le public une prépondérance, un ascendant considérable. On voit journellement des hommes d'une valeur incontestée, obligés de rechercher *par tous les moyens*, les bonnes grâces des employés d'administrations à tous les degrés; cela parce que leurs positions mêmes en dépendent.

Le seul moyen de rétablir l'équilibre, c'est l'organisation des corporations; c'est d'opposer à une collectivité, une autre collectivité qui pourra se défendre le cas échéant. Alors on verra tomber et les masque des uns et la morgue des autres.

On peut dire en affaire comme en politique : si tu n veux pas être attaqué, sois toujours prêt à te défendre

La collectivité est le plus puissant moyen de pro grès économique et de défense sociale.

Et si ces raisons ne suffisent pas à déterminer u courant d'opinion en faveur de la collectivité, il en es deux autres sur lesquelles j'appelle plus particulière ment l'attention et des hommes politiques et de tou ceux qui possèdent.

Je leur dirai simplement et en me défendant d'êtr pessimiste ce qui n'empèche pas d'être prévoyant :

Voyez-vous bien la situation réelle de la France a point de vue financier et économique?

En avez-vous calculé les conséquences politiques pou le pays et les dangers pour vos fortunes privées?

La dette publique a atteint et même dépassé le chif fre maximum que les financiers les plus audacieu aient pu rêver.

Le budget est établi, quant aux recettes, sur de évaluations exagérées, en se basant sur des année prospères; chaque mois accuse une moins-value dan le rendement des impôts.

Le budget des dépenses est irréductible du côté de intérêts de la dette, il l'est presque autant du côté de services publics qu'il faudrait remanier de fond en comble pour réaliser des économies sérieuses.

L'amortissement est suspendu ou illusoire.

C'est le déficit en permanence, l'augmentation constante de la dette flottante; par conséquent toujours l'emprunt en perspective.

Voilà pour la situation financière de l'Etat dont les charges pèsent si lourdement sur le travail national.

La situation économique de notre pays n'est ni plus brillante ni moins dangereuse.

Le libre-échange est devenu le principe économique moderne, comme le suffrage universel est le principe politique.

La vieille Europe, dont la production industrielle s'est décuplée, ressentant de plus en plus des besoins d'expansion coloniale, s'est ingéniée à rapprocher d'elle les autres continents par le perfectionnement de la navigation et le percement des isthmes (ces dernières œuvres plus particulièrement françaises).

Si, pendant quelques années, ce système lui a donné un regain d'activité, de travail et de prospérité, il n'a pas tardé à tourner contre elle ces armes pacifiques.

Possédant d'immenses étendues de terres vierges d'une valeur en capital dix fois moindre que nos terres françaises et la culture étant, en raison de ces grands domaines, pratiquée mécaniquement, l'Amérique, où la main d'œuvre est cependant presque double de celle de la France, a fait tomber le prix du blé de trente-cinq francs à vingt et même à dix-huit les cent kilogrammes, c'est-à-dire à un prix insuffisant pour la culture française.

Ce prix peut encore être réduit, non seulement par l'Amérique mais encore par les Indes.

Tout le monde connaît la situation précaire de l'agriculture, notre plus grande ressource nationale.

Ce n'est pas tout, non seulement nous sommes atteints dans notre prospérité agricole, mais aussi dans notre prospérité industrielle :

L'Europe a vu bon nombre de ses débouchés se fermer au dehors et de plus ses propres marchés menacés.

De sorte que chaque nation se trouve en présence de ce problème presque insoluble : protéger son propre marché, tout en respectant le principe du libre-échange contre lequel on ne peut pas se heurter sans provoquer aussitôt des représailles toujours nuisibles.

Avec l'organisation actuelle du travail, avec l'individualisme c'est-à-dire l'égoïsme, la prépondérance sera toujours au plus bas prix.

Or, la France est dans l'impossibilité absolue d'atteindre ce résultat pour la plus grande partie tout au moins de ses produits, à cause des charges publiques, des non valeurs, des frais généraux considérables qui l'écrasent, ainsi que je l'expliquais dans un chapitre précédent.

Avec l'étranger produisant à meilleur marché que nous, c'est la misère s'étendant de plus en plus dans notre pays, c'est la ruine à courte échéance et peut-être comme conséquence une révolution violente. Hommes politiques, songez à ce que deviendrait la France! Possesseurs de la fortune, réfléchissez aux dangers qu'elle court.

C'est l'heure des grandes résolutions.

Qui eût dit, il y a quelques années, quelques mois même, qu'un ministre anglais proposerait à ce pays aristocratique de proclamer l'indépendance de l'Irlande et le rachat des terres à son profit?

Quel étonnement pour le monde entier! C'est qu'il s'est trouvé en Angleterre un homme politique clairvoyant, un législateur qui a compris que l'iniquité sociale dont elle est victime, acculait de plus en plus l'Irlande au désespoir; que de graves événements étaient à craindre et que les landlors, les propriétaires des terres, ne tireraient aucun profit d'une telle situation.

Et l'honorable M. Gladstone n'a pas craint de mettre l'autorité qu'il a acquise, l'influence dont il dispose, au service de la justice et de la paix sociale de son pays, en proposant *pour les uns l'indépendance, la li-*

berté dans l'avenir, pour les autres le paiement de leurs terres, c'est-à-dire le respect des droits du passé.

Quel exemple pour la France, berceau de la liberté et de la justice. Se laissera-t-elle dépasser dans sa marche vers le progrès social? Je ne le pense pas.

Nos chambres voudront faire à notre pays l'économie d'une révolution violente qui serait bientôt suivie d'une réaction, la plus terrible qui fût jamais.

Elles garderont à la France le premier rang parmi les nations civilisées, elles en feront la première puissance économique et politique; elles le peuvent en proclamant un acte de *Justice sociale* : le *Principe de la collectivité*.

C'est le moyen le plus noble de célébrer le centenaire de la Révolution française, cette révolution pacifique en serait le complément et le couronnement.

TITRE V.

CONSÉQUENCES ÉCONOMIQUES DE L'ASSOCIATION.

J'ai exposé dans le titre III, comment les corporations seraient mises en possession des instruments de travail, progressivement, sans aucune spoliation et sans perturbation dans la marche régulière des choses; afin de grouper sous une direction unique les forces de même nature, de même catégorie et de les faire concourir dans leur ensemble à la conquête de la prépondérance française dans le monde, en même temps qu'à une répartition aussi équitable que possible de la production nationale.

Il me reste à développer sommairement ce système et à en indiquer les nombreuses conséquences :

Personne ne mettra en doute que de grands domaines agricoles, dirigés par nos meilleurs agronomes, résidant au centre de leurs exploitations, donneraient bientôt le maximum de rendement.

De vastes espaces seraient consacrés aux cultures diverses suivant la nature du sol et les besoins de l'alimentation publique ; le travail y serait pratiqué d'après les meilleures méthodes et à l'aide des instruments les plus perfectionnés.

Des travaux de drainage, d'irrigation, des chemins d'exploitation, des améliorations de toutes sortes concertées entre les chefs des exploitations voisines, seraient constamment à l'étude et en voie d'exécution.

La qualité des engrais serait examinée par les chimistes de la corporation, la valeur réelle de chacun indiquée, la fraude, dont l'agriculture est souvent victime aujourd'hui, deviendrait impossible.

La petite culture, avec ses ressources insuffisantes, son ignorance et sa routine, ferait place à la grande culture pourvue de puissants moyens d'action, de la science et de tous les éléments du progrès.

Des statistiques renseigneraient, d'une façon suffisamment précise la corporation, sur l'importance des besoins de l'alimentation publique et tous ses efforts tendraient à produire la totalité de ces besoins.

En cas d'insuffisance de production, la corporation elle-même aurait à compléter ses approvisionnements et de préférence dans les colonies françaises.

Un stock ou réserve de prévoyance des objets de première nécessité, serait constitué par les soins de la corporation et sous sa seule responsabilité, son importance serait fixée suivant le degré de conservation de chaque chose.

Si la production dépassait la consommation, le trop plein serait expédié par la corporation qui aurait à forcer sa production, de préférence dans les objets d'un placement facile et lucratif.

La collectivité agricole, pour tous ses achats, s'adresserait autant que possible aux corporations industrielles et consacrerait ainsi leur solidarité et leur union.

Les corporations industrielles de leur côté apporteraient à leurs installations, au choix de leur matériel, à leur mode d'opérer, toutes les améliorations et toutes les mesures d'ordre propres à réaliser le progrès.

Les usines et ateliers mal situés seraient supprimés, ceux n'étant pas dans de bonnes conditions d'hygiène et de sécurité seraient réorganisés.

Chaque profession, après enquête sérieuse sur le matériel et l'outillage qui conviennent le mieux à son travail, s'efforcerait d'introduire dans ses ateliers toutes les améliorations reconnues nécessaires et appliquerait partout la méthode qui lui paraîtrait la meilleure. En un mot, tous les progrès réalisés dans un des ateliers d'une corporation, devraient dans le plus bref délai s'étendre à tous.

Toutes les commandes seraient transmises au siège de la corporation et réparties dans les différentes usines suivant leur importance et leurs aptitudes.

Les besoins d'une région, seraient de préférence fournis par les usines de cette même région afin d'éviter les transports et manutentions inutiles comme cela se pratique actuellement.

Que d'économies il y aurait à faire pour toutes ces raisons, dans l'ensemble de notre production.

Toutes les corporations opérant de la même manière et employant de préférence des produits français, le travail national se trouverait protégé sans violer le principe du libre-échange et à tel point que la suppression presque complète du service des douanes pourrait s'ensuivre.

Chaque année, après la récolte, le prix des denrées principales comme les céréales, serait fixé par la corporation agricole d'après son prix de revient ; celui de sa production propre et celui du supplément à importer au besoin, formeraient une moyenne légèrement majorée pour faire face à l'imprévu et assurer largement le montant des dépenses.

Ce tarif, établi sous le contrôle du ministère du travail, serait approuvé par lui et accepté par toutes les autres corporations.

Procédant sur des bases de vente analogues, chaque corporation serait assurée de couvrir ses dépenses par ses recettes ; tout le monde vivrait en travaillant puisque chacun trouverait place dans cette nouvelle organisation sociale et y serait classé selon ses mérites.

Ce mode d'opérer mettrait aux mains des corporations non seulement la production, mais encore le placement.

Elles établiraient des magasins de vente tenus par des coassociés, les marchandises y seraient classées et tarifées suivant leur degré de perfection.

Tous les renseignements utiles à l'acheteur lui seraient donnés afin de diriger son choix conformément à ses besoins et à ses moyens ; les prix de vente seraient les prix de revient un peu augmentés pour couvrir les frais de répartition.

Des conventions seraient passées entre diverses

corporations ayant une certaine analogie, pour opérer leurs ventes dans les mêmes locaux et réduire à leur plus simple expression les frais généraux.

Une banque des corporations, sorte de trésorerie avec succursales dans tous les centres, serait instituée. Elle recevrait en dépôt les recettes des magasins de vente et effectuerait les paiements ; les opérations avec l'Etat et l'étranger seraient faites par la caisse centrale de Paris ou par son ordre.

Chaque corporation paierait à la banque au prorata de son mouvement de fonds.

On arriverait ainsi à la vie à bon marché, par la suppression des intermédiaires trop nombreux entre la production et la consommation et qui souvent sont non seulement inutiles, mais encore nuisibles.

C'est du reste le but poursuivi par toutes les sociétés coopératives.

On ne saurait trop combattre l'abus qui est fait aujourd'hui du *trafic ou commerce* et je suis persuadé que peu de gens comprennent toute l'étendue du mal causé par cette branche de notre activité nationale.

Pour moi, le commerce est à l'industrie, ce que le capital est au travail ; en d'autres termes :

Le commerce représente le capital et l'industrie le travail et la lutte est absolument la même entre les uns et les autres.

C'est la même cause qui produit les mêmes effets et appelle le même remède.

Le commerce, comme le capital, est sorti de son rôle *d'agent pour ainsi dire local de l'industrie.* Quelques ambitieux, détenteurs du placement, ont voulu centraliser les affaires à leur profit et agrandir le champ de leurs opérations, dominer même et diriger l'industrie dont souvent ils ne comprenaient pas le premier mot. Ceux de leurs confrères qui en avaient les moyens ont été forcés de les imiter et la grande concurrence commerciale a été inaugurée, augmentant les frais généraux, les dépenses folles de chacun et rendant la lutte plus active et plus meurtrière.

Des sacrifices de toutes sortes ont été demandés aux producteurs, des réductions de prix incessantes leur ont été imposées, exigeant parfois une production inférieure en qualité et toujours une plus grande activité de la part du travailleur.

Somme toute, ces luttes se passent sur le dos du travailleur, patron ou ouvrier et à ses frais.

Dès que le producteur français s'est vu forcé de résister à un pareil courant qui le ruinait, désorganisait son usine et rendait ses rapports avec son personnel de plus en plus difficiles, le négociant, par égoïsme, n'a pas craint de s'adresser à l'étranger et de devenir son allié pour combattre la production nationale, même par la fraude puisqu'il en est arrivé à vendre des produits allemands sous l'étiquette française.

Et ce sont ces mêmes hommes, riches pour la plupart, formant le noyau de la classe bourgeoise capitaliste, dont les beaux fils jouissent de tous les privilèges, de toutes les immunités, qui dans certains cas font appel au patriotisme des travailleurs!!! Ce sont eux encore qui, fidèles à leur esprit d'envahissement, encombrent les couloirs de la politique et de l'administration, se posent en *grrrands électeurs*, en protecteurs de tout et de tous, s'emparent de l'oreille de nos législateurs et font ainsi subir au pays le joug de leur vanité et de leur tyrannie.

Les corporations, avec leurs magasins de vente à la tête desquels on placerait des hommes capables, mais modestes, remplaceraient avantageusement cette multitude de négociants et commerçants dont les appétits vont le plus souvent bien au delà de leurs mérites.

Le commerce doit être ramené à son rôle naturel d'agent local de l'industrie, rôle duquel il n'aurait jamais dû sortir.

Il en est de l'organisme social comme de l'organisme humain, le fonctionnement de l'un comme de l'autre est soumis à des lois naturelles qu'il leur est impossible de transgresser sans qu'il en résulte malaise ou accident.

Il ne viendra à l'idée d'aucun médecin sérieux, s un nerf ou un membre quelconque se déplace dans u corps humain, de vouloir rétablir l'harmonie en dé rangeant tous les autres suivant le caprice de celu qui est sorti de sa place ; il essaiera au contraire d ramener celui-ci à son état normal, s'il n'y parvien pas il en résultera forcément une gêne ou une infir mité.

Il doit en être ainsi de l'organisme social ; si u agent subalterne sort de son fonctionnement naturel il doit y être ramené ou il restera une cause de désor dre perpétuel.

Les agents à ramener aujourd'hui de leurs incur sions nuisibles dans le domaine d'autrui, sont *l capital* et *le commerce.*

Que de milliers d'individus se trouveraient dispo nibles par cette transformation ?

Chacun, au fur à mesure de l'organisation de corporations y trouverait place et viendrait en aug menter la production.

C'est ce que j'appelle le reclassement de nos force sociales.

Les ressources du fonds de réserve permettraien aux corporations de réparer elles-mêmes les désastres incendies et autres qui sont actuellement entre le mains de puissantes compagnies, réalisant de gro bénéfices et occupant une armée d'employés et agents de toutes sortes qui seraient utilisés plus avantageusement par les corporations.

Je remarque en passant que ces réformes en entraîneraient forcément d'autres d'une certaine importance.

En effet, la propriété des terres, usines, etc., c'est-à-dire celle de tous les instruments de travail, étant devenue collective et inaliénable, il y aurait beaucoup moins de mutations et de partages. Le commerce étant aux mains des corporations, éviterait une foule de procès, chicanes, faillites et complications de toutes sortes, ce qui enlèverait une notable partie de leurs revenus aux professions dites libérales.

J'en demande pardon à MM. les notaires et du barreau, juges, avocats, avoués, huissiers, agents d'affaires et généralement tous gens de robes et autres accessoires, dont les fonctions seraient réduites dans de fortes proportions; mais s'il existait parmi ces honorables, des hommes pour lesquels le costume traditionnel et les pratiques de la chicane fussent devenus un besoin indispensable, je ne m'opposerais nullement à la création de théâtres historiques où ces monomanes continueraient à donner des représentations, à la grande joie du public qui, cette fois, ne regretterait pas son argent.

Les disponibles de ces nobles confréries, seraie de précieuses recrues pour notre expansion colonial familiarisés mieux que personne avec toutes les la gues mortes ou vivantes, que n'obtiendraient-ils p des mandarins et des lettrés de la Chine, de l'Anna et de tous les Tonkins de tous les océans du globe?

Le monde entier deviendrait rapidement, par eu une vaste colonie gauloise, au grand profit de France productrice et des travailleurs.

On n'a pas oublié que chaque corporation, dès formation, serait frappée d'un droit de un pour ce sur le montant de son capital, afin d'établir le poi de départ de l'impôt unique.

Cette ressource, d'abord insignifiante pour le tr sor, prendrait bientôt un développement appréciabl au fur à mesure de son augmentation et dès que l' quilibre du budget serait rétabli, l'amortissement r prendrait son cours.

Cet impôt sur le capital, ne tarderait pas à donn des ressources importantes qui, en dehors de l'amo tissement permettraient la suppression des autres in pôts en commençant par les plus gênants pour le publi

L'impôt sur le capital serait aujourd'hui à peu pr impossible ou tout au moins arbitraire, à cause de trop grande division de la fortune publique, de sa m bilité et de la multiplicité de ses formes.

Avec la réorganisation du travail, cet impôt deviendrait le plus facile à percevoir et en même temps le plus équitable.

Le sol, la mine, l'usine, l'outillage, tous les stocks de marchandises et les capitaux de roulement, c'est-à-dire toutes les parties de la fortune publique aujourd'hui les plus mobiles, étant devenues capital collectif et inventoriées chaque année par les corporations, l'impôt serait payé par chacune d'elles sur le montant de son dernier inventaire.

Le capital privé qui se composerait presque exclusivement d'immeubles, meubles, objets d'art et valeurs publiques, serait facile à établir d'une façon à peu près exacte pour chaque commune et par conséquent facile à frapper de son impôt de un pour cent comme le capital collectif.

Les mutations, augmentations ou réductions de ce capital privé devraient être déclarées par les intéressés et pourraient du reste être suivies sans difficulté.

D'après les statistiques, dont les chiffres peuvent être contestés, il est vrai, la fortune publique en France s'élèverait à environ trois cents milliards. L'impôt de un pour cent sur ce capital, arrivé à son fonctionnement régulier, atteindrait donc trois milliards, soit approximativement le montant actuel du budget des recettes de l'Etat.

Si on ajoute à ce budget ceux des départements et des communes, on arrive en chiffres ronds à quatre milliards de dépenses pour l'ensemble des services publics et administratifs du pays, y compris le service des intérêts de la dette, par conséquent à 1,33 pour cent du capital social.

Cette proportion peut évidemment être inexacte puisqu'elle dépend absolument de l'évaluation du capital de la France, chiffre qui n'est pas exactement déterminé, mais elle laisse néanmoins dans son entier, le principe et on peut, dès maintenant, dire que cette proportion ne dépasserait pas deux pour cent.

La perception de cet impôt serait des plus faciles et des plus simples, la caisse municipale pourrait en être chargée dans chaque commune; elle conserverait sa quote-part et verserait à la trésorerie celles du département et de l'Etat.

La conséquence de cet impôt unique, serait la suppression des contributions directes et indirectes dans toutes leurs branches et ramifications, celle des octrois et la réorganisation du service des finances.

La collectivité n'entraînerait pas des réformes dans l'administration fiscale seule, mais encore dans toutes les autres, dont les rouages se trouveraient singulièrement modifiés et simplifiés par le nouvel état de choses.

Il en résulterait une économie considérable dans les charges publiques, qui permettrait de porter l'amortissement à un chiffre très élevé et ferait bientôt entrevoir l'époque de l'extinction de la dette, tout en abaissant le chiffre de l'impôt unique.

Cet impôt serait aussi le plus équitable, parce que chaque commune paierait en raison de son capital et que pour moi, le capital dont on dispose constitue bien la base du bien-être public et privé dont chacun peut jouir.

Il ne faudrait pas conclure de ces réformes, qu'elles seraient un bouleversement immédiat de toutes choses et que les situations se trouveraient dès maintenant menacées ; une semblable alarme serait ridicule et sans fondements.

Une réorganisation de cette importance ne s'improvise pas et ne peut être envisagée qu'avec le plus grand sang-froid.

Ce mode d'organisation sociale doit être considéré comme un programme de gouvernement dont il y aurait lieu de poursuivre l'exécution sans précipitation, mais aussi sans lenteur ni hésitation.

Ce serait la mise en pratique du véritable régime républicain, dont nous n'avons jusqu'à ce jour que l'étiquette et une monstrueuse parodie.

Ce serait la création d'une société nouvelle, fonctionnant parallèlement à l'ancienne et l'absorbant dans sa marche en avant ; mais sans à coups, sans désordre et opérant le reclassement de nos forces nationales progressivement, au fur à mesure de leur disponibilité et dans le cours d'une génération au moins.

Les corporations deviendraient l'avenir des générations futures, les administrations de l'Etat n'offrant plus suffisamment d'avantages et de débouchés ; c'est vers les collectivités de production et d'exportation, c'est vers ce soleil levant que devraient être dirigés tous les regards de la jeunesse ainsi que son instruction. Le ministre de l'instruction publique, qui vient d'ordonner une enquête ou plutôt une étude sur les modifications à apporter dans l'instruction, afin de remplacer le grec et le latin par des connaissances plus modernes, semble déjà comprendre ce besoin de notre époque ; on ne peut que l'en féliciter.

De longues réflexions ne me semblent pas bien nécessaires pour comprendre l'importance des éléments nouveaux mis à la disposition de notre production nationale et à quelle puissance elle pourrait atteindre par la concentration de toutes ses forces et leur emploi intelligent.

Non seulement la moyenne du bien-être de chacun pourrait être fortement augmentée, mais encore il nous resterait un trop plein de production considérable, d'un prix de revient très réduit qui servirait à enrichir le pays et à assurer sa prépondérance sur les marchés du monde entier.

Les corporations, connaissant par les statistiques les besoins de notre consommation, tendraient à produire de toutes choses en quantités suffisantes afin que nous puissions nous passer, autant que possible, des produits étrangers.

Le recrutement du personnel, dans chaque profession, resterait ouvert tant que ce résultat ne serait pas obtenu et même dépassé.

Et j'entends comprendre dans les besoins de notre consommation, tout ce qui est distractions et délassements nécessaires au point de vue matériel comme au point de vue intellectuel, tel que le théâtre, les arts etc., etc.

Ce but atteint, les efforts de la production seraient dirigés, de préférence, vers les articles les plus lucratifs et les plus faciles à exporter; toutes les forces disponibles du pays, sans exception, seraient utilisées dans ce sens.

Pour l'écoulement de ces produits, des agents des corporations seraient envoyés à l'étranger, dans les principaux centres de l'Europe et des autres parties du monde.

Ces agents, pris parmi les hommes les plus compétents et possédant les langues étrangères, sauraient mieux que personne, renseigner leurs corporations sur les goûts des consommateurs, sur les changements et perfectionnements à apporter dans la fabrication.

Ils présenteraient également toutes les garanties d'honorabilité et de sécurité qui font souvent défaut aujourd'hui, ce qui paralyse et arrête beaucoup de transactions.

Toutes les facilités seraient données à ces agents des corporations pour les aider dans leur tâche; des navires contenant des spécimens de la production française, circuleraient dans toutes les mers et se mettraient à leur disposition au premier appel; des magasins et entrepôts bien approvisionnés, seraient ouverts partout où cela serait jugé utile.

Et l'individualisme, restant le fond de l'organisation sociale partout ailleurs que chez nous, nos produits seraient achetés de préférence tant qu'ils présenteraient des avantages comme prix ou qualité.

C'est ainsi que, grâce à son organisation intérieure et à sa marche en avant dans le progrès social, la France parviendrait non seulement à assurer l'existence de tous ses enfants, mais encore à combler les déficits du passé et à créer une réserve qui assurerait de plus en plus sa prépondérance économique au dehors.

Les canaux de Suez et de Panama, œuvres éminemment françaises, qui menacent de devenir aujourd'hui des instruments de ruine pour notre travail national en nous inondant de produits étrangers, deviendraient au contraire de puissants auxiliaires, puisque nous aurions su écarter les inconvénients du libre-échange tout en en conservant les avantages.

Et c'est alors, *mais alors seulement*, que le fondateur et les actionnaires français de ces voies rapides, pourraient toucher sans scrupule de gros dividendes, puisque le génie de l'un et les capitaux des autres serviraient à l'extension de la richesse de leur pays.

TITRE VI.

CONSÉQUENCES MORALES DE L'ASSOCIATION.

Les conséquences morales de la réorganisation du travail, sur les bases indiquées dans les chapitres précédents, seraient des plus appréciables ; l'une d'elles surtout s'élève au-dessus de toutes les autres, parce qu'elle est une œuvre humanitaire et la solution d'une question toujours pendante devant nos parlements, mais impossible à réaliser dans la société actuelle.

Il s'agit de la vieillesse des travailleurs, de l'existence des infirmes, des veuves, des orphelins, jusqu'ici laissés aux seuls soins de divers hospices et de la charité publique.

Si, jusqu'à présent, il n'a été question que de réduire les frais généraux et de supprimer les non-valeurs, il en est cependant que chaque corporation tiendrait à honneur de rechercher, considérerait comme une dette sacrée et inscrirait d'office à son budget des dépenses.

Sans promettre aux travailleurs une retraite après un nombre déterminé d'années de service, mais aussi sans abandonner ce projet qui peut-être deviendra réalisable, il est permis de dire que des mesures seraient prises par toutes les corporations pour assurer l'existence des victimes du travail, soit par accident, soit par maladie, subvenir aux besoins des veuves, des orphelins et des vieillards incapables de continuer le service actif.

Ces mesures seraient considérées, non pas comme une œuvre de charité, mais comme un droit acquis.

Chaque corporation, ayant tout son personnel actif classé et appointé par catégories avec part aux bénéfices à répartir, (comme il est dit au titre III, organisation du travail) pourrait créer au profit des veuves, orphelins et vieillards, une ou plusieurs catégories supplémentaires n'ayant pas droit au partage des bénéfices, mais recevant un salaire quotidien à déterminer sur des bases à étudier et à décider en temps opportun.

Les corporations rendraient également d'immenses services à la société par l'autorité dont elles disposeraient sur tout leur personnel.

Chaque adhérent serait informé, qu'en dehors de la discipline intérieure concernant le travail proprement dit, la corporation ne se désintéresserait pas de la valeur morale de chacun de ses membres : que chaque chef hiérarchique aurait à connaître des antécédents, des habitudes de ses subordonnés ainsi que de leurs relations avec le public.

Ce contrôle, cette surveillance, n'auraient rien d'excessif, de vexatoire ni de tyrannique; ils seraient exercés avec modération et avec toute la tolérance que nécessitent les faiblesses humaines.

Ils seraient considérés par tous, comme des mesures générales d'ordre et de bonne administration destinées à établir et à cimenter la bonne harmonie dans les rapports journaliers de l'existence, mais ne portant aucune atteinte à la dignité de l'homme et à l'exercice des libertés nécessaires.

Ces pratiques sont du reste en usage dans toutes nos administrations publiques et privées, voire même dans l'ordre des avocats et c'est incontestablement la principale cause de la supériorité morale du personnel administratif sur celui du commerce et de l'industrie.

Mais où l'action des corporations se ferait sentir

d'une façon plus efficace, c'est sans contredit sur l'éducation de la jeunesse et sur son instruction professionnelle.

L'enfant appartient à la famille et à l'école jusqu'à l'âge d'environ quinze ans; c'est vers cette époque que la corporation endosserait à son tour sa part de responsabilité.

C'est généralement dans la période de l'apprentissage, de quatorze à vingt ans, que se décide le sort de l'ouvrier pour tout le cours de son existence.

De la direction donnée à ses aptitudes, à sa jeune imagination, des principes d'ordre et d'économie qui lui ont été inculqués, des exemples qu'il a eus sous les yeux, le jeune homme gardera toujours les traces; son talent professionnel et sa valeur morale en dépendent.

L'organisation actuelle du travail abandonne le plus souvent au hasard, à l'imprévu et surtout à l'égoïsme, le soin de ces intérêts pourtant si précieux pour l'individu et pour la société.

Combien pourrait être différente la manière de faire de la corporation!

Elle ne verrait pas dans l'apprenti une matière à exploiter, un instrument destiné à enrayer les revendications ou les exigences de l'ouvrier son aîné.

Élevant ses regards et ses pensées plus haut que ces

misères d'intérèt privé, elle verrait dans le jeune apprenti, le futur continuateur de l'œuvre commune, l'espoir et la joie de la famille privée et de la famille corporative.

Son seul souci serait d'en faire un artisan capable et instruit, un homme sérieux, intelligent et utile à la société.

Les aptitudes des enfants seraient sérieusement étudiées et chacun poussé dans la voie de ses dispositions naturelles.

En même temps que l'instruction professionnelle, l'instruction intellectuelle serait largement distribuée; l'esprit de la loi sur le travail des enfants dans les manufactures, excellent en principe mais si imparfaitement appliqué, recevrait sa complète exécution.

Toutes les lois de l'hygiène régleraient l'existence du jeune apprenti ; des promenades, des exercices du corps, auraient lieu comme dans les lycées et collèges.

Une série de mesures diverses, combinées, pourraient faire de la corporation une école professionnelle scientifique et une école préparatoire du soldat.

A vingt ans, la corporation aurait fait de chacun et dans la limite du possible, un ouvrier pratique, raisonnant bien son travail suivant les données scientifiques et un citoyen robuste préparé à servir utilement son pays.

De dix-huit à vingt ans, des mutations pourraient être faites avec l'agrément des jeunes gens et des parents, entre les divers ateliers des corporations, ce système remplacerait avantageusement le tour de France actuel où la jeunesse part à l'aventure, sans travail assuré, exposée à tous les déboires, à toutes les misères et surtout à tous les dangers de corruption.

Dans les mutations ainsi faites d'usine à usine, d'atelier à atelier, de région à région, le jeune homme apprendrait à connaître son pays tout en se perfectionnant dans l'exercice de son métier ; il se créerait des relations, acquerrait des connaissances diverses, pourrait donner de l'essor à sa jeune imagination, cela sans souci, sans danger, puisque les besoins de son existence seraient assurés par sa corporation ; qu'il y serait pour ainsi dire en famille, sous sa surveillance et sous sa direction.

A tous les points de vue, la corporation serait pour chacun de ses membres, ouvriers et employés, une source de bien-être et de liberté ; j'entends liberté relative, conciliable avec les besoins du service et ceux de la dignité personnelle et sociale, mais qui ne devrait, en aucun cas, dégénérer ni en abus ni en désordre.

Un membre d'une corporation, célibataire ou marié, désirant quitter une localité pour une cause quelconque, serait dirigé sur la ville de son choix, à ses frais naturellement ; il reprendrait dans sa résidence nouvelle le même poste et les mêmes droits que dans la précédente.

Le partage des bénéfices étant fait au prorata sur le montant du salaire annuel de chacun, le temps perdu par une partie des coassociés ne causerait aucun préjudice aux autres.

Certains hommes, plus chargés de famille, sont tenus de travailler sans perdre de temps pour équilibrer leur budget, d'autres suivent le même régime de travail pour se procurer à eux et aux leurs plus de bien-être ou plus de luxe, ou encore pour toute autre cause.

D'autres au contraire, soit qu'ils aient des ressources acquises ou des charges moindres, des habitudes plus sobres ou peu de penchant pour l'épargne etc., aiment à se reposer de temps à autre, à prendre une distraction de leur choix, à faire une promenade ou un voyage.

A chacun son goût.

Des permissions, des congés, pourraient être accordés tant que le service n'aurait pas à en souffrir ; le salaire serait suspendu ainsi que la part dans les bénéfices pendant l'absence.

Les intérêts de tous et les préférences de chacun se trouveraient ainsi sauvegardés.

Dans cette nouvelle organisation du travail, j'ai à

dessein écarté l'emploi de la femme, tout en réservant pour l'avenir la création de corporations féminines, s'il y a lieu.

A mon avis, l'homme doit subvenir à l'existence de la femme et la soustraire aux travaux souvent trop pénibles de l'usine.

Là, comme l'apprenti, la femme est le plus souvent une matière exploitable, destinée à faire concurrence à l'homme, c'est-à-dire à son père, à son frère, à son mari, à son fils.

L'égoïsme du capital pousse l'exploitation à son extrême limite, foulant aux pieds et sacrifiant toute idée humanitaire et sentimentale pour ne considérer que les résultats, les bénéfices.

La femme a une vocation plus élevée, plus poétique que celle d'augmenter les revenus des spéculateurs.

Elle est essentiellement faite pour l'intérieur, pour la vie intime ; toutes ses facultés, son activité, ses aptitudes multiples doivent être utilisées dans le cercle de la famille et son ingérence extérieure être limitée à l'inspiration qu'elle a tant d'occasions de prodiguer à l'homme.

Les soins que la femme peut donner aux siens et à tous les objets de la vie privée, les économies qu'elle peut réaliser de ce chef, ont plus de valeur et aussi moins de dangers que la modeste somme qu'elle peut gagner au dehors. Une foule de petits travaux sont du reste à sa portée et exécutables chez elle s'il lui reste des instants de loisir; dans tous les cas, l'emploi de la femme pourrait être limité à certains usages, à certaines professions.

Les efforts de la société nouvelle devraient donc tendre à élever de plus en plus le niveau matériel et intellectuel de la femme, à l'entourer de plus de respect et d'un peu moins de frivolité; car moins elle sera accessible à l'homme brutal, grossier *et aussi à l'homme léger*, plus celui-ci s'efforcera de s'améliorer.

La femme étant toujours l'objectif de l'homme, sa possession ou le désir de la posséder doivent servir à le rendre meilleur.

Une société ainsi organisée, préviendrait bien des désordres, trop fréquents à notre époque et qui font plus de mal qu'on ne le croit généralement; car ils sont par leurs conséquences des causes permanentes de démoralisation, de découragement, d'abaissement des caractères, d'oubli de tout sens moral et de dignité et affectent toutes les parties vitales de notre existence nationale.

Je ne parlerai que pour mémoire des enfants abandonnés, dont le nombre s'abaisserait dans des proportions considérables en raison du bien-être relatif assuré à tous et du relèvement moral qui en résulterait.

Dans tous les cas, cette partie intéressante de l'enfance ne serait pas oubliée des corporations qui en prendraient volontiers les charges et la direction en attendant le moment de rendre à chacun la place qu'il peut occuper dans le concert social.

Les corporations auraient peut-être à exercer aussi une certaine part des pouvoirs judiciaires.

L'institution moderne du jury indique une tendance à soumettre à l'opinion publique les crimes et délits commis envers la société ou quelques-uns de ses membres, plutôt que d'en laisser l'appréciation et la répression à la seule discrétion de la caste particulière de la justice, sorte de vestige de l'ancienne noblesse de robe.

Des conseils de paix, composés de membres pris parmi les diverses corporations, choisis dans les hommes les plus connus par leur esprit droit et leur caractère impartial, jugeraient les différends entre particuliers.

Des conseils de répression, composés également de membres des corporations adjoints aux membres de la justice ordinaire, formeraient des tribunaux mixtes ayant à se prononcer dans les crimes et délits, à rendre de promptes sentences débarrassées des lenteurs et formalités souvent inutiles, toujours ruineuses.

Je ne m'étendrai pas sur ce sujet que d'autres plus

compétents sauront traiter avec plus d'autorité, j'ai voulu seulement indiquer la possibilité de faire participer la famille corporative, l'élément du travail, aux décisions de la justice, en raison de l'effet moral qui peut en résulter et du respect, de la confiance que cette participation pourrait donner à la chose jugée.

Cette immixtion de l'élément du travail dans le temple de la justice me paraît justifiée par les condamnations sévères qui sont toujours prononcées contre les petits coupables des basses classes, comparées à l'indulgence souvent scandaleuse et même à l'impunité complète dont jouissent les grands coupables capitalistes, financiers ou autres, qui entassent désastres sur désastres, ruines sur ruines, en tournant savamment la loi dans la forme, mais en la violentant de la plus indigne façon dans son esprit.

Je n'ai pas la prétention de me poser en réformateur de l'humanité car j'ai appris depuis longtemps que la perfection n'est pas de ce monde. Mais je suis convaincu que l'homme dans son essence est meilleur qu'on ne le pense, qu'il naît avec de bons sentiments, à quelques exceptions près, et que tout en lui le porte à vivre en bonne intelligence avec ses semblables.

Tout en faisant une large part aux faiblesses et aux passions humaines, il faut pourtant reconnaitre que l'organisation sociale est bien imparfaite, qu'elle est pleine d'injustice, de vexations et que la plus grande part de responsabilité lui incombe dans les désordres journaliers de la société.

C'est à nos législateurs qu'il appartient d'édicter des règlements qui donnent satisfaction aux hommes bien intentionnés ; qui contiennent les faiblesses et les passions humaines, au lieu de les aider à se développer par les trop grandes facilités qu'on leur laisse ; c'est à eux de faire des lois qui protègent plus efficacement les faibles, les simples, contre les entreprises coupables des forts, des audacieux et des fripons.

TITRE VII.

CONSÉQUENCES POLITIQUES DE L'ASSOCIATION.

Pour bien apprécier les conséquences politiques qui résulteraient de la mise à exécution du programme économique nouveau, il suffit d'examiner la politique actuelle dans ses pratiques et dans ses résultats :

Le principe politique actuel est le suffrage universel, comme le principe économique est le libre échange, ainsi que je l'ai déjà dit au titre IV.

Certes, il serait superflu d'essayer de combattre ces principes qui sont désormais immortels, parce que vus au-dessus des nuages qui les obscurcissent, ils représentent à eux deux l'idéal politique et l'idéal économique, c'est-à-dire le bien-être de l'humanité et la liberté des peuples.

Mais pour que ces principes soient efficaces, pour qu'ils ne donnent pas des résultats absolument contraires à ceux que l'on est en droit d'en attendre, pour éviter que le libre-échange nous apporte la misère et le suffrage universel la plus intolérable des tyrannies, il faut de toute nécessité les dégager des pratiques malsaines, des éléments de corruption qui les entourent et qui ont toujours pour mobile l'égoïsme individuel et l'intérêt personnel.

J'ai expliqué dans les chapitres précédents, comment la France pouvait profiter des avantages du libre-échange et en éviter les inconvénients ; il me reste à indiquer, en restant dans les grandes lignes, comment elle peut jouir des bienfaits du suffrage universel et en écarter les dangers.

C'est toujours par le même remède, par l'adoption d'un troisième principe, celui de la collectivité.

A la trinité de la devise républicaine, *Liberté*, *Egalité*, *Fraternité*, proclamée au XVIIIe siècle; il faut comme complément cette autre trinité :

Suffrage universel, *Collectivité*, *Libre-Échange*. Ce sera celle du XIXe siècle.

Le suffrage universel tel qu'il est pratiqué aujourd'hui est une véritable fumisterie.

Les comités sont aussi nombreux, non seulement que les partis politiques, mais encore que les fractions de partis, qui sont elles-mêmes composées de coteries dont toute la politique consiste à s'emparer du pouvoir afin d'en user à leur profit, à celui de leurs parents, amis et souteneurs.

Le corps électoral, pris dans son ensemble, est une cohue, généralement incapable d'apprécier les divers programmes qui lui sont soumis et qui suit l'impulsion donnée par les comités.

L'élection devient alors une simple question de tactique, une mise en campagne de nombreux agents qui emploient tous les procédés de corruption, promesses, cadeaux, festins, menaces, mensonges, etc., etc.

Tous les moyens sont bons, hormis la franchise et la dignité.

La victoire appartient à la coterie qui a pu remuer, surexciter le plus grand nombre et l'entraîner jusqu'aux urnes; c'est ce qui explique les palinodies du suffrage universel qui détruit souvent le lendemain ce qu'il avait édifié la veille.

Mais pour cette mise en scène, pour cette propagande effrénée, il faut beaucoup de capitaux, des porte-paroles capables d'enlever les masses par leurs phrases creuses et leurs discours brillants.

De là le choix des ambitieux, beaux diseurs ou millionnaires, gens à consciences élastiques, hommes sceptiques prêts à toutes les capitulations, contradictions, pouvant donner satisfaction à leur propre vanité et aux intérêts de leurs grands électeurs.

Et ces farceurs sont préférés aux hommes de mérite, simples et modestes! Leurs succès sont tellement contagieux qu'il n'y aura bientôt plus un seul citoyen, riche ou bavard qui ne soit en même temps ostensiblement ou en secret un futur candidat.

Oh! individualisme, voilà bien tes œuvres !

A tous les microbes déjà connus, il faudra ajouter le microbe de la candidature; à peine les progrès d'une maladie sont-ils enrayés, qu'une nouvelle se déclare et pour le traitement de laquelle un monument national de vastes dimensions s'imposera bientôt avec un nouveau Pasteur. « *M. le ministre du commerce ne pourrait-il pas retenir dès maintenant, pour cet usage, la grande tour métallique d'Eiffel dont il est question pour l'exposition universelle de* 1889. »

La concurrence est telle dans l'article de la candidature, « *comme dans tous les autres* », la lutte est si grande que chacun descend aux pratiques les plus indignes.

Aussi, après chaque élection, quel écœurant spectacle que celui de la vérification des pouvoirs! Tour à tour, chaque parti accuse son adversaire de corrupteur, de fraudeur, d'indélicat et de faussaire; cela sous les yeux de tous, à la honte du pays et du suffrage universel.

Cela prouve que la situation politique du pays est bien le reflet exact de sa situation économique; que les mêmes désordres, les mêmes abus, se manifestent partout et en même temps; que ce sont les mêmes causes et les mêmes hommes qui les provoquent.

Les pouvoirs publics, élus dans de pareilles conditions, sont forcément réduits à l'impuissance. Issus de l'intrigue, tous leurs actes reçoivent cette impulsion délétère qu'ils communiquent aux pouvoirs exécutifs et les vouent à l'indignation, au mépris de la nation.

La collectivité seule peut faire cesser de pareils scandales.

Avec elle, il existerait une hiérarchie naturelle, les hommes les plus capables, les plus dévoués, arriveraient forcément à la tête des corporations, y acquerraient une force morale considérable et formeraient dans leur ensemble une sorte d'académie des corporations.

C'est parmi ces sommités que se trouveraient tout

indiqués et choisis, les candidats à toutes les grandes fonctions de l'État, qui aurait là les aptitudes multiples qui lui sont nécessaires.

La fortune privée d'un être quelconque, son influence locale, ses accointances n'entreraient plus en ligne de compte, le talent seul aurait une valeur réelle, le suffrage universel ne serait plus travaillé, tiraillé dans tous les sens, torturé de toutes les façons ; il suivrait sa voie, tout simplement, sans passion, en indiquant les hommes les plus capables et qui lui inspireraient le plus de confiance.

En même temps que la stabilité gouvernementale qui seule peut permettre d'administrer utilement, ce serait le véritable gouvernement du pays par le pays, le règne de la démocratie.

Toutes les personnalités ambitieuses, remuantes, encombrantes et purement politiques, rentreraient dans l'ordre, pour faire place aux hommes d'affaires, gens simples et modestes mais pratiques, qui imposeraient par leur attitude calme et digne le respect et la force indispensables à tout pouvoir.

Le gouvernement ainsi établi serait un pouvoir stable, véritablement national, connaissant dans ses moindres détails les besoins généraux du pays, s'intéressant à *toutes les classes de la société*, basant ses actes et ses décisions sur le bien-être général, c'est-à-dire la justice.

Les bienfaits d'une semblable administration ne tarderaient pas à se faire sentir, la politique pure serait reléguée au second plan et ses adeptes considérés comme des fantaisistes ruineux.

Les intérêts de tous seraient l'objet de l'entière sollicitude de nos dirigeants, l'apaisement se ferait peu à peu dans les esprits, au profit de l'unité nationale et de notre influence au dehors.

Toutes les questions de détail d'administration se présenteraient successivement et seraient résolues à la satisfaction générale.

Une mesure depuis longtemps réclamée par l'opinion publique, est celle de la réduction du service militaire à trois ans.

Deux raisons majeures s'opposent à la réalisation de ce projet ; la première, c'est la crainte, bien naturelle, de diminuer la valeur de l'armée par une période d'instruction insuffisante.

La deuxième est une raison budgétaire qui a également son importance, car la présence sous les drapeaux, du contingent entier pendant trois années, augmenterait sensiblement les dépenses du budget de la guerre.

Il faudrait un roulement plus rapide des contingents, vingt-quatre à trente mois de service au plus, pour ne conserver qu'un ensemble d'environ cinq à six cent mille hommes d'armée active.

La collectivité seule peut encore réaliser ce projet, sans compromettre la défense nationale qui doit, avant toute autre considération, conserver le premier rang.

J'ai indiqué au chapitre VI comment la corporation pourrait être, en même temps qu'une école professionnelle, une école du soldat et préparer la jeunesse au service des armes.

En effet, la corporation par son organisation même, habituerait tout le monde à la discipline ; par son système d'apprentissage, elle développerait l'intelligence de la jeunesse et ses forces physiques ; elle pourrait ajouter à son programme l'instruction militaire préparatoire, pour les exercices de détail ; elle fournirait ainsi à l'armée de jeunes soldats auxquels il ne manquerait plus que l'habitude et la pratique des exercices d'ensemble.

C'est cette seconde partie qui deviendrait le rôle exclusif du régiment, je suis persuadé que dans ces conditions et avec de bons sous-officiers, le service de vingt-quatre à trente mois suffirait largement pour nous assurer une armée assez instruite.

Les jeunes gens destinés au commerce extérieur pourraient, sur leur demande, être placés de préférence dans l'armée coloniale afin de s'acclimater à leur vie future.

La corporation des armes proprement dite, se composerait des cadres, officiers, sous-officiers et caporaux, tous ayant pour cette carrière les goûts, les aptitudes nécessaires, puisqu'ils l'auraient choisie de préférence à toute autre et y consacreraient toute leur existence.

Il pourrait y être ajouté, s'il en était nécessaire, des premiers soldats pour les armes spéciales de l'artillerie et du génie.

Il serait fait à tous des positions convenables leur permettant de vivre honorablement et chacun en raison de sa situation.

Pour moi, le sous-officier et le caporal sont au régiment ce que le contre-maître et le chef d'équipe sont à l'usine ; à eux incombent toutes les questions de détail ; il est donc indispensable que ces postes soient remplis par des hommes sérieux, possédant bien l'expérience du métier et inspirant toute confiance au soldat.

Pour cela, je le répète, il faut leur faire des situations qui les attachent à leur profession.

Le reste de l'armée, ce serait la nation tout entière, passant successivement à la caserne le temps strictement nécessaire à son instruction.

Je crois que ce système nécessiterait des cadres plus nombreux, puisqu'ils seraient appelés à recevoir en cas de mobilisation, un effectif quatre fois plus fort qu'en temps de paix ; mais s'il faut un supplément de crédit, qu'on le prenne sur les économies qu'on peut réaliser ailleurs.

Du reste, le pays ne marchandera pas quelques millions, à la condition que l'on réduise la durée du service à son minimum indispensable.

Avec la guerre moderne, l'armée n'est plus ce qu'elle était autrefois, *une catégorie spéciale et limitée, plus particulièrement appelée à faire le sacrifice de sa vie pour la sauvegarde de l'intégrité du territoire et de l'honneur de la Patrie.*

Le régiment n'est plus qu'une école militaire dont les cadres sont les professeurs ; en temps de paix, ces postes n'ont rien de plus désagréable ni de plus périlleux que ceux des autres professions.

En temps de guerre, l'armée, c'est la nation tout entière ; les sacrifices, les dangers et les périls sont partagés entre tous et aussi équitablement que possible.

Je ne m'étendrai pas davantage sur ce sujet, j'ai voulu simplement esquisser une idée que je soumets au jugement des hommes plus compétents que moi en cette matière.

Les corporations seraient appelées à rendre d'utiles services à l'armée en temps de paix et deviendraient des auxiliaires précieux en temps de guerre.

Suivant conventions avec le service de l'intendance, les corporations agricoles réuniraient sur des points déterminés, des approvisionnements en grains, farines, avoines, fourrages etc. pour les besoins journaliers de l'armée et pour ceux éventuels d'une mobilisation.

La corporation aurait seule la responsabilité de ces approvisionnements, elle aurait par conséquent tout intérêt à en opérer l'entretien et le renouvellement en temps utile. Elle devrait en justifier l'existence constante au service de l'intendance qui en aurait le contrôle.

La corporation recevrait des bons au fur à mesure de ses livraisons aux troupes.

Le prix des denrées serait fixé chaque année en temps utile, c'est-à-dire après les récoltes.

Toutes les corporations seraient tenues de prendre les mêmes dispositions pour tout ce qui concernerait les besoins militaires.

De cette façon, l'armée serait assurée d'avoir toujours à sa disposition tout ce qui lui serait nécessaire, en quantités et qualités et sans avoir recours à aucune société de graineterie quelconque.

De son côté, la production française serait assurée de ces fournitures et le travail national sauvegardé.

En temps de guerre, on ne verrait plus des hommes profiter des circonstances, en abuser et réaliser des profits scandaleux en pleine calamité publique.

Les chefs des corporations, touchant de très près

nos hommes de gouvernement, pourraient être officieusement prévenus des nuages politiques à l'horizon ; dès qu'une conflagration serait prévue, un mot d'ordre suffirait pour faire jeter un dernier coup d'œil sur l'ensemble des approvisionnements et les rapprocher du théâtre des événements.

Au contraire, toutes les marchandises destinées à l'intérieur du pays, pour ses besoins généraux, seraient évacuées sur les magasins intérieurs des corporations, afin de les mettre à l'abri et d'éviter l'encombrement au moment des opérations militaires.

En un mot, des mesures préparatoires, concertées et exécutées avec ensemble, faciliteraient tous les mouvements de mobilisation et de concentration des troupes.

Une France ainsi organisée serait invulnérable, elle supporterait au besoin et sans trop en souffrir, une guerre défensive de plusieurs années, ce qu'aucune autre nation européenne ne pourrait faire sans se ruiner.

Les hommes économes, les possesseurs de la richesse, en suivant les développements de mon programme, ont pu se demander ce que deviendrait la fortune privée, dans cette transformation sociale.

Je m'empresse de déférer à leur légitime curiosité :

Pour faciliter la clarté de cet exposé, je les prie d'admettre, pour un instant, que la société nouvelle en formation, doit procéder à la liquidation amiable de la société ancienne ; ils s'apercevront bientôt que cette supposition est tout simplement une réalité.

En effet, le ministère du travail étant chargé d'acquérir progressivement, tout ce qui doit constituer la propriété collective et d'en effectuer le paiement au fur à mesure de la prise de possession ; il est évident que les propriétaires actuels des instruments de travail, retireront de la circulation, dès qu'ils toucheront leur capital, tous les billets, lettres de change, traites etc. actuellement en portefeuille chez les particuliers, banquiers et établissements de crédit de toute sorte.

Le montant de cette dette, qui est énorme, qui s'élève à des milliards, n'est ni plus ni moins qu'un immense emprunt dont la fortune privée, foncière, immobilière, industrielle et commerciale est le gage ; ce sont tous ces papiers ou valeurs de convention que les financiers caressent, logent somptueusement, *nourrissent comme ils disent*, « *sans s'oublier eux-mêmes bien entendu,* » mais pour l'entretien desquels aussi le travailleur peine, sue et misère.

Rentreraient également aux mains de leurs possesseurs toutes les valeurs diverses, tous les titres déposés pour garantir des avances reçues, ce qui constitue encore un emprunt sur la fortune mobilière.

On peut donc dès maintenant conclure, que le rachat des instruments de travail, ou plutôt les disponibilités financières qui en résulteraient, seraient pour une bonne partie absorbées par le paiement des deux emprunts indiqués ci-dessus, c'est-à-dire par le retrait de tous les gages donnés déjà sur cette propriété par les possesseurs actuels eux-mêmes.

Mais, ce qu'il y a de plus singulier, c'est qu'il y aurait aussi à éteindre avec ces mêmes disponibilités, un troisième emprunt dont il est difficile d'évaluer l'importance, parce qu'il est le secret des dieux, secret dont on ne semble pas assez se préoccuper à notre époque d'agiotage sans limites :

Je veux parler de l'emprunt fait par les gens besogneux et malheureux d'une part; par les audacieux, les aventuriers et les fripons d'autre part, sur la fortune d'autrui.

Je m'explique :

Dans chaque localité ou à peu près, on a pu voir, soit des notaires, des banquiers, des industriels, des commerçants ou des agents d'affaires, obligés de déposer leurs bilans, quelquefois avec de très gros déficits.

Il est de notoriété publique que beaucoup de maisons marchent, se maintiennent, avec un passif de beaucoup supérieur à leur actif, c'est-à-dire n'ayant pour toute fortune que des detttes : cela n'empêche pas certains chefs de maisons, n'ignorant pas du reste leur situation, de vivre comme des grands seigneurs, comme s'ils possédaient de brillantes fortunes et ne se privant de rien.

Les moyens, les expédients employés sont toujours les mêmes ; les simples, les malheureux qui espèrent toujours des temps meilleurs, sollicitent, implorent l'obligeance de leurs parents, amis et connaissances qui engagent pour eux leurs signatures.

Les audacieux, les aventuriers, les fripons ne craignent pas, eux, d'abuser de la crédulité et de la confiance du bon public ; avec l'aplomb qui ne leur fait jamais défaut, ils s'unissent entre eux, échangent des signatures, passent des contrats, lancent des affaires véreuses ou factices, en font ce qu'ils appellent des valeurs de spéculation et en inondent l'épargne publique.

Ces habiles jongleurs connaissent leur code et généralement restent sur la lisière des délits ; quelques-uns pourtant s'aventurent plus loin par la force des choses et risquent la cour d'assises.

Ces lanceurs d'affaires sont les véritables communistes, d'une espèce particulière il est vrai, d'un communisme restreint et de coterie.

On ne les trouve ni sous la blouse ni sous les toits,

ils logent le plus souvent dans des palais, ils s'affublent de vêtements élégants ornés d'insignes recherchés; ils ont parfois l'air recueilli, les mains jointes et murmurent des prières d'eux seuls connues.

Ces personnages sont d'autant plus dangereux que, pour donner le change, ils fulminent contre le travailleur qui réclame une meilleure répartition de sa production, l'existence assurée en échange de son labeur. Ils appellent sur ce malheureux toute l'attention du petit bourgeois plus ou moins stupide, le remplissent d'effroi, l'ameutent, l'ahurissent davantage (quand c'est possible) et pendant ce temps lui barbotent son capital, sans doute pour le soustraire aux convoitises des socialistes.

A quel chiffre s'élèvent toutes les actions, obligations, valeurs diverses plus ou moins majorées, fictives ou de simple convention éparpillées dans le public et qui ne supporteraient pas un examen bien attentif? Mystère.

Que de chiffons à retirer de la circulation, que de *signatures à dégager d'une multitude d'affaires véreuses!...*

C'est ce que j'appelle la liquidation de l'ancienne société, cette société de l'emprunt perpétuel, à jet continu, l'instrument de prédilection de notre éminente aristocratie moderne; la grande pompe de nos hauts barons de la finance qui aspire toute l'épargne publique et refoule tout progrès social.

Cette liquidation s'imposera par la mise en collectivité des instruments de travail, dont la prodigieuse activité n'ira plus déverser son abondance dans ce désert aride et ingrat des descendants du Tiers-État, mais apportera chez le peuple, le vrai travailleur, l'aisance, la vie possible et supportable, sans lesquelles il n'y a pas de liberté ni de bonheur.

Je sais bien que je serai traité de pessimiste, d'esprit chagrin, de visionnaire sinistre, etc. Les intéressés au bel état de chose actuel, nos seigneurs et maîtres, sont impeccables ; ils auront toujours raison.

Qu'importe, j'ai la prétention d'être homme d'ordre, ceux dont j'ai l'honneur d'être connu ne me contesteront pas, je l'espère, ce faible mérite.

J'ai conscience d'être dans le vrai en signalant la situation sous les couleurs peu rassurantes ci-dessus : que ceux qui ne peuvent pas l'accepter comme exacte la considèrent comme fantaisiste ; c'est leur affaire.

Dans tous les cas, j'affirme que je suis sincère, que je n'ai en vue que les intérêts supérieurs du pays que je crois sérieusement en péril.

Je ne suis pas le seul, du reste, à jeter le cri d'alarme.

Avec la collectivité, plus de situation financière ténébreuse, ni dans la fortune publique ni dans la fortune privée; la lumière partout, la vérité palpable pour tous; plus d'éclipses visibles à Berlin, à Pékin et invisibles à Paris.

Les hommes riches posséderont les immeubles, les objets d'art, les valeurs publiques de tout repos, etc., ce qui ne les empêchera pas d'avoir leur place dans la collectivité, si cela leur convient.

Ceux ne possédant rien, ne pourront pas se créer par des moyens plus ou moins frauduleux, une fortune fictive *et vivre comme si elle était réelle;* par le travail utile seul, les hommes de mérite arriveront à la fortune.

La collectivité, par ses corporations, possédera tous les instruments de travail qu'elle aura pu acquérir, terres de culture, mines, usines, matières premières, outillage, marchandises fabriquées, etc.; c'est-à-dire tout ce qui sera nécessaire à son travail et à son fonctionnement, comme l'armée a ses casernes, ses champs de manœuvre et son armement; comme le clergé a ses temples et ses ornements; comme la magistrature a ses palais et ses prisons; comme l'instruction publique a ses lycées, ses collèges, ses musées, ses universités, ses laboratoires, etc.

Puisque nous sommes forcés de vivre en société, de nous soumettre aux lois de notre pays, puisque nous sommes tenus de nous conformer à des règlements généraux, à des conventions sociales; que chacun, qui est bien intentionné, qui veut bien se soumettre, soit au moins admis dans cette société qui se permet de le régenter, de le diriger; qu'il y trouve sa place, son existence assurée dans les limites de sa valeur personnelle, c'est, je crois, tout ce qu'il demande.

Et, pour respecter la liberté, cette grande déesse de notre époque, pour sacrifier à son culte dans toutes les limites du possible, entre l'homme riche pouvant vivre de ses revenus et le travailleur vivant de sa quote-part de production, il existerait encore une autre catégorie, celle des indépendants, des non organisés.

L'homme réfractaire à toute discipline, le fantaisiste, vivra à sa guise; il sera entièrement libre pourvu qu'il ne porte pas atteinte à la morale publique et qu'il respecte les lois, les règlements du pays.

S'il est artiste, il produira à ses heures et offrira ses œuvres au public; s'il est homme d'esprit, il écrira ou parlera; s'il est jovial, il amusera la galerie.

Chacun en somme, dans cette catégorie qu'il aura préférée, s'en tirera comme il pourra, mais sera dans la presque impossibilité de nuire à autrui. Ce sera du reste comme aujourd'hui, l'existence sera la même, avec cette seule différence que les besoins de tous seront assurés, sauf pour la catégorie des non organisés qui sera en infime minorité et qu'il n'en sera que plus facile d'aider au besoin.

Actuellement, c'est précisément cette catégorie qui compose la grande masse de la nation, qui est livrée à elle-même, à son ignorance, à ses passions et à l'exploitation sous toutes les formes.

On répète sans cesse : mais tout le monde peut vivre en travaillant, il n'y a que les paresseux et les débauchés qui chôment, c'est généralement de la faute du travailleur s'il souffre, etc., etc..

C'est encore et toujours une erreur, beaucoup d'honnêtes gens qui le voudraient bien, ne trouvent pas à s'occuper, soit pour une cause, soit pour une autre.

Tantôt, c'est parce que celui qui pourrait les utiliser n'y est pas disposé et les remet au lendemain ; tantôt, c'est un caprice, une fantaisie, une décision quelconque qui les met en chômage.

C'est ainsi que, sous prétexte que les blés d'Amérique avaient un rendement légèrement supérieur aux blés français, nous avons pu voir pendant des années, l'administration de la guerre, délaisser nos blés indigènes et aider par cette mesure à la ruine de l'agriculture et au chômage d'un grand nombre d'ouvriers.

C'est ainsi, encore et toujours, que des administrations, des sociétés et des particuliers, soit par sottise ou autrement, sous prétexte que certains produits étrangers leur offrent des avantages, « *ce qui souvent n'est prouvé que dans leur imagination,* » mettent en péril le travail national, dans tous les cas lui enlèvent une partie de ses ressources et livrent le travailleur à la misère ; et sans plus de scrupules que cela, tous ces gens-là s'imaginent avoir rempli leurs devoirs.

C'est absolument comme si on disait à l'armée : Vous savez, ... à certaine époque, ... vous n'avez pas pu nous donner toute satisfaction ; ... d'autres que vous ont paru supérieurs, ... nous reconnaissons volontiers qu'il y a eu des circonstances indépendantes de votre volonté ; ... mais enfin, les autres ont été plus heureux, ... nous voulons attendre, voir les événements. ...

Du reste, ... pour l'instant, ... nous n'avons pas de baïonnettes ennemies à opposer aux vôtres. ...

Vous voudrez bien repasser le trimestre prochain et d'ici là, ... vous abstenir de déranger le trésorier. ...

Nous le regrettons sincèrement, ... nous formons les meilleurs vœux pour votre bonheur et votre prospérité ; ... mais l'intérêt de l'État ... la nécessité, etc., etc...

C'est aussi comme si nous disions aux administrations publiques de toutes sortes :

Nous allons faire le tour du monde, ... visiterons la

Californie en passant, ... rentrerons par Monaco, ... serons bien absents quatre-vingts jours, ... comprenez, ... pas besoin d'être administrés pendant ce temps-là. ... Ah ! ... vous savez, ... jusqu'à notre retour, ... la caisse de votre ami, ... le payeur général, ... elle sera fermée ; ... nous l'emmenons avec nous. ... A bientôt.

Si nous tenions un pareil langage à nos administrations, elles ne seraient pas contentes et elles auraient raison ; c'est bel et bien nous, les administrés, qui aurions tort, je le confesse.

Si nous sommes heureux de trouver les corps constitués quand nous en avons besoin, c'est bien le moins que nous leur accordions le nécessaire pour se tenir constamment à notre disposition.

Mais, c'est précisément la réciprocité que demande la classe du travail, la catégorie des non organisés, qui, sous les plus vains prétextes, se voit constamment gourmandée, ballottée dans tous les sens, dont l'instabilité est permanente, la misère périodique et à chaque instant parce qu'il plaît aux gens de courir aux produits étrangers et de n'en faire qu'à leurs caprices, voit son existence pour ainsi dire laissée en suspens.

C'est cette réciprocité, que la socialisation des instruments de travail a pour but d'organiser ; elle assurerait en même temps notre liberté économique et notre liberté politique, en consacrant définitivement tous les grands principes modernes.

C'est ainsi que, toujours préoccupés des intérêts généraux, nos dirigeants augmenteraient sans cesse l'influence de la France au dehors et cela par des moyens pacifiques.

Au fur à mesure de l'extinction de la dette publique, dès que l'épargne française n'aurait plus suffisamment emploi à l'intérieur, sans préjudice des placements que chacun pourrait faire à ses risques et périls sur les valeurs étrangères, l'État serait chargé d'intervenir et voici comment :

La caisse d'épargne, qui deviendrait plus qu'aujourd'hui le thermomètre de l'économie publique, ne serait autorisée à recevoir, que jusqu'à concurrence d'une somme à déterminer, un milliard par exemple.

Dès que le chiffre de cinq cents millions serait atteint, l'État, qui aurait le devoir de suivre les besoins de l'étranger, négocierait un ou plusieurs prêts, soit avec une grande puissance, soit avec des petites ; il soumettrait ces opérations aux déposants des caisses d'épargne qui auraient la faculté de les souscrire.

Des conventions diverses, devraient autant que possible être stipulées en dehors du revenu à percevoir ; soit l'établissement de stations navales, soit d'autres garanties, assurant, dans une certaine mesure, la prépondérance française.

L'Angleterre a davantage étendu sa puissance par ses finances que par ses armes.

L'État garantirait les prêts ainsi consentis à l'étranger et aurait le devoir de défendre les intérêts des prêteurs, par tous les moyens en son pouvoir.

En cas de suspension de paiement des revenus de l'un ou l'autre de ces prêts, pour raisons graves faisant présumer une perte partielle ou totale du capital, l'État serait autorisé à rembourser aux porteurs les titres dépréciés, desquels il se chargerait de tirer le meilleur parti possible pour le trésor public.

Le remboursement se ferait avec les ressources provenant de quelques centimes additionnels, ajoutés à l'impôt unique.

Cette garantie de l'État, cette solidarité, ne sauraient être blâmées ni contestées par personne, attendu que ces placements contribueraient pour une large part à notre extension commerciale, à notre activité nationale, apporteraient à la mère-patrie des revenus qui augmenteraient son bien-être et sa prospérité.

Les pertes qui en résulteraient, seraient considérées, avec juste raison, comme incombant à l'ensemble de nos opérations.

Je me dispenserai d'indiquer davantage les conséquences multiples, les avantages divers, qui découleraient pour la France, de cette marche en avant dans le progrès social.

A nos hommes politiques, à nos gouvernants de les méditer.

Je conclurai en disant :

La situation est sensiblement la même qu'en 1789.

A cette époque, le Tiers-État représentant le peuple opprimé, ne put obtenir de la noblesse et du clergé que des promesses, *promesses illusoires qu'on était décidé à ne pas tenir et qui aboutirent aux violences de* 1793.

Aujourd'hui les descendants dégénérés de ce même Tiers-État semblent convaincus que la Révolution française, que l'avénement de la République n'ont eu pour but que de les mettre au lieu et place de la noblesse et du clergé, avec quelques variantes dans la forme et dans la façon d'exploiter les masses.

Leurs programmes, celui de Belleville comme celui de Romans, que l'on devrait à juste titre appeler leurs *grands romans*, n'étaient aussi que des promesses, *promesses illusoires qu'on est bien décidé à ne pas tenir*.

A quoi aboutiront-elles ?...

Aujourd'hui, le peuple, le prolétaire, réclame de l'aristocratie financière et de la bourgeoisie commerciale, des réformes nécessaires.

Il voit ces nouveaux privilégiés à l'œuvre, bénéficiant de tous les progrès de la science moderne, jouissant jusqu'à la limite extrême, du bien-être, du luxe, de la vie facile ; jetant sans compter et à pleines mains les deniers publics, pour la satisfaction de leurs moindres caprices.

Et, de tous ces festins de Balthazar, le pauvre Lazare s'aperçoit une fois de plus qu'il n'a que les miettes !...

Désormais, il veut son existence assurée.

Classes dirigeantes, profiterez-vous des leçons de l'histoire, ou resterez-vous frappées de cécité comme vos devancières ?

Législateurs, ramènerez-vous dans l'ordre les déspotes modernes, *le Capital* et *le Commerce*, ou attendrez-vous que le Prolétariat monte à l'assaut de leurs forteresses ?

Si ces vérités étaient plus longtemps méconnues, une nécessité s'imposerait à bref délai : classer la nation en deux partis bien distincts :

Les *Rétrogrades* et les *Réformistes*.

Ce serait l'œuvre du suffrage universel à son prochain congrès.

FIN

EMANCIPATION (L'). — Collection complète du journal organe du parti ouvrier, fondé par Benoît Malon et rédigé par Paul Brousse, J. Brugnot. Gabriel Deville, Jules Guesde et Benoît Malon. Prix. de la collection complète, franco 1 50

ENGELS (FREDERIC), député socialiste allemand. — **Socialisme utopique et socialisme scientifique**, traduction française par Paul Lafargue, 1 brochure in-8. Prix. 0 50

— **La guerre des paysans en Allemangne** (XVIe) 1 vol. in-18 jésus. Prix. . . . . 1 fr.

GAUTIER (EMILE). — **Le Darwinisme social**, étude de philosophie sociale. 1 vol. in-18 jésus. Prix . . . . 1 fr.

— **Propos anarchistes**, série de brochures in-18 jésus. Prix. 25 centimes. 1re *le Parlementarisme*, 2e intitulée: *les Endormeurs, les heures de travail* ; 3e *les Endormeurs, Libertés politiques*.

LASSALLE. — **Capital et travail**, traduction française par Benoît Malon, 1 vol. in-18 jésus. Prix . . . . 2 fr.

LOISEAU-ROUSSEAU (P.). — **Les théâtres de Paris**, 35 splendides eaux-fortes, par P. Loiseau-Rousseau. Le tirage de ces eaux-fortes a été limité à 75 exemplaires; il n'en reste que très peu au prix de . . . . 20 fr.
Ces exemplaires sont en outre garantis par un élégant carton doré.

RAVENEL (ALPHONSE). — **Les enfants** (étude). 1 vol. in-8. Prix 1 50

— **Souvenirs de Champigny**, 1 vol. in-8. Prix . . . . 2 f.
Ouvrage honoré tout récemment d'une médaille d'honneur par la Société d'encouragement au bien.

SCHAEFFLE — **La Quintessence du Socialisme**, traduction française, par B. Malon. Prix. . . . . 1 fr.

BIBLIOTHÈQUE INDISPENSABLE

TOME I. — **Les Lois constitutionnelles** qui régissent actuellement le gouvernement de la République française. Ouvrage illustré des armes de la République, des nouveaux drapeaux et d'un buste de la République. Les *Lois constitutionnelles* renferment les lois suivantes : Lois relatives à l'organisation des pouvoirs publics. Lois relatives à l'organisation du Sénat. Lois constitutionnelles sur les rapports des pouvoirs publics. Lois organiques sur les élections des sénateurs et sur l'élection des députés Prix. 0 60

TOME II. — **Notions très succinctes de Droit public**, à l'usage de tous. Constitution. — Administration centrale, départementale, communale. — Impôts directs et indirects etc., — Expropriation. — Voirie. — Séparation des pouvoirs, par Paul Blanchet, commis des télégraphes. Un vol. in-18 jésus. Prix. . 0 60

TOME III. — **Le guide des maîtres et des domestiques**, par Henri Buguet. D'après les meilleurs ouvrages et conforme aux renseignements puisés aux Justices de Paix. Prix. . . . . . . 1 fr.

PETITE BIBLIOTHÈQUE POPULAIRE

DROIT / SCIENCES / ÉCONOMIE POLITIQUE — **à 60 cent. le volume** — VOLUMES GRAND IN-32 — HISTOIRE / LITTÉRATURE / ÉCONOMIE DOMESTIQUE

Les volumes de la **Petite Bibliothèque populaire** se trouvent dans toutes les librairies. On peut les recevoir *franco*, en France et dans les colonies, en adressant à M. DERVEAUX, *libraire-éditeur*, 32, *rue d'Angoulême*, *Paris*, le montant de la commande en *un* mandat sur Paris ou en timbres-poste.

CATALOGUE

1. Petit code annoté des réunions. commentaire article par article de la loi du 30 juin 1881 sur la liberté de réunion, et de la loi du 7 juin 1848 sur les attroupements, mis au courant de la législation et de la jurisprudence jusqu'au 1er septembre 1885, avec 1 : Un formulaire donnant les modèles de déclaration, récépissé et autres actes prescrits par ces lois. 2. Une table alphabétique bien détaillée et rendant les recherches très faciles, par Albert Faivre, avocat, ancien directeur à la préfecture de la Seine. Prix. 0 60

2 & 3. Petit code annoté des élections, commentaire article par article de toutes les lois relatives aux élections législatives, départementales, municipales, consulaires et aux conseils de prud'hommes, mis au courant de la législation et de la jurisprudence jusqu'au 1er septembre 1885, suivi d'une table alphabétique rendant les recherches très faciles, par M. Albert Faivre, avocat, ancien directeur à la préfecture de la Seine. Prix, les deux volumes réumis. 1. 20

4 & 5. Formulaire des élections. Modèles, d'après les formules officielles, de tous les actes relatifs aux élections, coordonnés et expliqués par M. Albert Faivre, avocat, ancien directeur à la préfecture de la Seine. Prix, les deux volumes réunis. 1. 20

6. **Petit code annoté du divorce**, contenant tous les articles du Code civil ayant trait au divorce, et sous chacun d'eux toutes les explications qu'il comporte avec une table alphabétique rendant les recherches très faciles, par M. Albert Faivre, avocat, ancien premier clerc d'avoué à Paris, ancien directeur à la préfecture de la Seine, 7e édition augmentée d'un modèle de demande du divorce, d'un modèle d'acte et de la circulaire du garde des sceaux par l'application de la loi du 27 juillet 1884, rétablissant le divorce. Prix. 0 60

7. **La loi municipale du 5 avril 1884.** Texte complet de la loi sur l'organisation municipale, annoté, commenté et expliqué par les circulaires et documents officiels à l'usage des maires, des conseillers municipaux et de tous les électeurs, suivi d'une table alphabétique et analytique complète et très détaillée qui rend les recherches plus faciles, par Albert Faivre, avocat, ancien directeur du cabinet et du personnel de la préfecture de la Seine, précédé d'une préface par Charles Floquet, président de la Chambre des députés, avocat à la Cour d'appel de Paris, ancien préfet de la Seine. Un volume in-18 jésus de 84 pages. Prix. 0 60

DISCOURS ET OPINIONS DE M. CHARLES FLOQUET

Publiés et accompagnés de notices par M. Albert Faivre, ancien Directeur à la préfecture de la Seine. Deux volumes in-8 carré. Prix de chaque volume 7 fr. 50.

15 exemplaires de luxe comme suit :

1 exemplaire sur peau vélin,		non mis dans le commerce.
1 —	sur papier des manufactures impériales du Japon,	
1 —	sur papier Whatman à la forme,	
1 —	sur papier de Chine véritable,	
1 —	sur papier vélin à la forme,	

10 — numérotés à la presse, tirés sur papier vergé de Hollande, teinté, à la forme au prix de 20 fr. le volume.

Ces discours et les notices qui les accompagnent forment une page instructive et intéressante de l'histoire parlementaire de ces dix dernières années. Cet important ouvrage a été en outre honoré d'une souscription des principaux ministères, des nombreuses bibliothèques municipales et des principales bibliothèques départementales et notamment d'une chaleureuse délibération du conseil municipal de la ville de Paris.

Extrait du *Bulletin municipal officiel* de la ville de Paris, numéro du samedi 12 décembre 1885.

SOUSCRIPTION A L'OUVRAGE : « DISCOURS DE M. FLOQUET » DE M. ALBERT FAIVRE.

M. Monteil, au nom de la 2e Commission. — Messieurs, M. Derveaux, éditeur, nous a saisi d'une demande de souscription à un très important ouvrage qu'il vient d'éditer.

Un de nos régisseurs de l'octroi, ancien chef du cabinet du Préfet de la Seine, vient de faire une publication dont nous le remercions sincèrement. Trop de liens d'amitié personnelle et de sympathies politiques existent entre les conseillers municipaux de Paris et leur ancien Préfet, pour que nous soyons indifférents, en effet, à l'apparition des « Discours et opinions de M. Charles Floquet » publiés par M. Albert Faivre, ancien directeur à la Préfecture de la Seine. Ces discours forment deux volumes à 7 fr. 50 c. le volume.

Nous retrouvons dans ces discours, non seulement une partie de la vie politique de la France, mais une partie de notre vie municipale, et nous y pouvons voir que M. Charles Floquet a mis constamment sa grande éloquence au service de la liberté républicaine comme au service des franchises municipales de Paris.

Les enseignements qu'on peut tirer d'une pareille œuvre sont précieux pour nous et pour nos enfants, et il est de notre devoir de placer les discours de M. Charles Floquet dans les bibliothèques de la ville de Paris.

En conséquence, j'ai l'honneur de vous proposer, au nom de votre 2e Commission, le projet de délibération suivant :

« Le Conseil

» Délibère :

» Article premier. — Il est souscrit 150 exemplaires des « Discours de M. Charles Floquet », au prix de 10 francs les deux volumes.

» Art. 2. — La somme de 1,500 francs, montant de la souscription, sera versée entre les mains de M. Derveaux, éditeur, 32, rue d'Angoulême, en échange des 150 exemplaires de l'ouvrage susénoncé.

» Art. 3. — Les 1,500 francs seront imputés sur le chap. 23, article unique du budget de 1885.

» Art. 4. — Un exemplaire de l'ouvrage sera distribué à chacun des conseillers municipaux de Paris et du Conseil général de la Seine; les exemplaires restant seront répartis entre les bibliothèques administratives et les bibliothèques municipales d'arrondissement. »

Ces conclusions sont adpotées. (1885; P. 1217.)

PORTRAIT DE M. CHARLES FLOQUET
Président de la Chambre des députés.

Cette splendide lithographie, dessinée par J. Fuchs, n'a été tirée qu'à 580 exemplaires dont voici la justification : Tirage avant la lettre (exemplaires d'amateur), 10 exemplaires tirés sur Chine, appliqué sur papier extra-fort des manufactures impériales du Japon, grandeur 50 sur 32, prix 3 fr. ; 20 exemplaires tirés sur Chine, appliqué sur papier des manufactures du Japon, grandeur 50 sur 32, prix 2 fr. ; 50 exemplaires tirés sur Chine, appliqué sur beau papier extra-fort du Marais, grandeur 50 sur 32, prix 1 fr.

Tirage avec la lettre, enrichi d'un autographe de M. Charles Floquet.

100 exemplaires sur Chine appliqué sur papier du Marais, grandeur 52 sur 30, prix 75 cent. 400 exemplaires sur beau papier ordinaire, grandeur 37 sur 28, prix 50 cent.

La révision de la constitution, par Emile Lefèvre, 1 brochure, in-8 carré. Prix 0 60

La République avec Liberté, Egalité, Fraternité et les électeurs, 1 brochure in-8 jésus, de 80 pages, avec couverture illustrée. Prix. 8 30

Calendrier républicain correspondant au calendrier grégorien. Ce calendrier contient :

1° la table des droits de l'homme.
2° un tableau comparatif des trois dernières élections.
3° les noms de tous les députés nouvellement élus pour quatre années.
4° leur nuance politique.
5° les départements par ordre alphabétique où ils ont été élus.
6° leur circonscription.
7° Etymologie du nom des mois républicains avec leur concordance. Prix. 0 60

ŒUVRES COMPLÈTES DE BENOIT MALON.

— LE PARTI OUVRIER. Brochure in-16. Prix 0 25

— Traduction française de **Capital et Travail,** par Lassalle. 1 vol. in-18 jésus . . . . 2 fr.

— Traduction française de la **Quintessence du Socialisme par** Schæffle. Prix. . . . . 1 fr.

LE NOUVEAU PARTI, tome I. **Le parti ouvrier et ses principes,** deuxième édition, revue, corrigée et augmentée des commentaires et articles de bibliographie. 1 vol. in-18 jésus avec une préface par Jules Vallès. Prix. 1 50

Suite du catalogue

cent. la livraison, ou en 11 séries à 60 cent. contenant les 11 primes tirées à part. Prix du volume broché . . . . . . 7 fr.
Prix du volume relié, dos en maroquin, doré sur tranche ou tranche rouge, couverture spéciale noire et or, avec fers spéciaux . . . . 10 fr.
Couverture spéciale pour la reliure. . . . . 2 fr.

TOME II. — **Histoire du socialisme en France depuis la Révolution française(1789), jusqu'en 1878.**

Première Partie : Saint-Simonisme. — Fouriérisme. — Communisme jusqu'en 1848. Proudhon.

Illustré de 50 gravures hors texte, nombreux culs-de lampes et têtes de chapitres et 12 primes, tirées à part.

50 livraisons illustrées à 10 centimes.

12 séries contenant 12 primes tirées à part à 60 centimes la série, franco.

Prix du volume broché . . . . 7 fr.
Prix du volume relié comme le premier . . . . 10 fr.
Couverture spéciale pour la reliure . . . . 2 fr.

TOME II. — **Histoire du Socialisme en France, depuis la Révolution française (1789), jusqu'en 1878.**

Deuxième partie : Auguste Comte. — République française de 1848. — De 1851 à 1878.

Illustré de 148 gravures hors texte, nombreux culs-de-lampes, têtes de chapitres et 12 primes tirées à part.

48 livraisons illustrées à 10 centimes.

12 séries contenant les 12 primes tirées à part à 60 cent. la série, franco.

Prix du volume broché . . . . 7 fr.
Prix du volume relié comme le premier . . . . 10 fr.
Couverture spéciale pour la reliure . . . . 2 fr.

TOME III. — **Histoire du Socialisme en Angleterre, en Allemagne et en Russie**, illustrée de 61 gravures hors texte. Têtes de chapitres, culs-de-lampes, 15 primes tirées à part.

61 livraisons illustrées à 10 centimes.

15 séries contenant les 15 primes à 60 centimes la série.

Prix du volume broché. . . . . 7 fr.
Prix du volume relié comme le premier . . . . 10 fr.
Couverture spéciale pour la reliure . . . . 2 fr.

TOME IV. — **Histoire du socialisme en Belgique, Hollande, Italie, Suisse, Espagne Portugal, Pologne, Serbie, Roumanie, Autriche-Hongrie, Danemark, Suède et Norwège**, illustrée de 50 gravures hors texte, nombreux culs-de-lampes, têtes de chapitres et 12 primes tirées à part.

50 livraisons illustrées à 10 centimes.

12 séries contenant les 12 primes à 60 centimes la série.

Prix du volume broché. 7 fr.

Prix du volume relié comme le premier . . . . 10 fr.

Couverture spécial pour la reliure . . . . 2 fr.

TOME V. — **Histoire de l'internationale. — Histoire du Socialisme aux Etats-Unis. — Esquisse sur le Socialisme contemporain. — Conclusions.** — Table analytique de l'ouvrage formant un véritable dictionnaire du Socialisme. — Table alphabétique des portraits contenus dans l'ouvrage. Table des gravures avec indication du chapitre auquel elles se rapportent. — Table-prime des primes.

48 livraisons illustrées à 10 centimes.

13 séries contenant les 13 primes à 50 centimes la série.

Prix du vol. broché. 7 »

Prix du vol. relié comme le premier. . . . . 10 »

Couverture spéciale pour la reliure. . . . . 2 »

RÉSUMÉ.

L'ouvrage complet forme donc 302 livraisons illustrées à 10 centimes, ou 75 séries accompagnées chacune de une prime tirée à part à 60 centimes la série, ou 6 volumes accompagnés de 75 primes tirées à part à 7 francs le volume, ou 6 volumes reliés, dos maroquin, plats toile, dorés sur tranche, ou tranche rouge, couvertures spéciales illustrées, ors et noires avec fers spéciaux, prix de chaque volume relié 10 francs.

Nota. — Il reste toujours entendu que chaque souscripteur pourra toujours se procurer la couverture spéciale de chaque volume au prix de 2 francs chaque; de même chaque prime séparée au prix de 50 centimes, et chaque livraison détachée au prix de 10 centimes la livraison.

Ce catalogue annule tous les précédents.

Sur demande affranchie, envoi du catalogue complet avec la nomenclature de toutes les primes tirées à part de l'*Histoire du Socialisme*.

L'éditeur, Derveaux, rue d'Angoulême, 32, à Paris, expédie immédiatement contre mandat-poste.

Pour un mandat de 1.20. . . . . 2 séries avec leurs primes.

Pour un mandat de 1.80 . . . . 3 séries avec leurs primes.

Pour un mandat de 2.40. . . . . 4 séries avec leurs primes.

et ainsi de suite, à raison de 60 c. de plus par série, avec primes de plus.

1024 —Paris, imprimerie Derveaux, 32, rue d'Angoulême. — 1024

www.ingramcontent.com/pod-product-compliance
Ingram Content Group UK Ltd.
Pitfield, Milton Keynes, MK11 3LW, UK
UKHW031926260826
14628UKWH00003B/1447

9 782012 478800